Autoestima Poderosa: Liberte sua Força Interior com Fé, Determinação e Autocuidado

Solange M. Melo

Published by Sol Melo, 2024.

AUTOESTIMA PODEROSA: LIBERTE SUA FORÇA INTERIOR COM FÉ, DETERMINAÇÃO E AUTOCUIDADO

First edition. October 7, 2024.

ISBN: 979-8227620446

Written by Solange M. Melo.

Autoestima Poderosa

Liberte sua Força Interior com Fé, Determinação e Autocuidado

Solange M. Melo

Introdução

Bem-vindo a um dos passos mais importantes que você já tomou na sua vida — o de cuidar de si mesmo, de investir no seu crescimento pessoal e de liberar a força interior que sempre esteve aí. Este livro não é apenas sobre autoestima; é sobre redescobrir quem você realmente é, além de qualquer julgamento, crítica ou limitação que você possa ter aceitado ao longo da sua vida. Estamos prestes a embarcar em uma jornada poderosa que vai te ajudar a enxergar sua verdadeira essência e, mais do que isso, a viver de acordo com ela.

Deixe-me te perguntar algo: como você se sente quando pensa em si mesmo? Quais são as palavras que você costuma usar para se descrever? Se essas palavras não forem de amor, força, confiança e valor, não se preocupe — você não está sozinho. Muitas vezes, somos mais críticos com nós mesmos do que jamais seríamos com qualquer outra pessoa. E é aí que a transformação começa: quando você decide, de uma vez por todas, que está na hora de parar de se subestimar e de começar a se valorizar.

Neste livro, vamos falar sobre autoestima. Mas não aquela versão superficial de autoestima que você vê em revistas, baseada apenas na aparência ou nas conquistas externas. Não. Estamos falando de uma autoestima enraizada na verdadeira aceitação de quem você é — com suas qualidades, falhas, desafios e todas as suas nuances. Porque quando você realmente se aceita, não há nada que possa te parar. E é isso que eu quero para você: que você seja inabalável, confiante e, acima de tudo, feliz sendo quem você é.

Mas, antes de qualquer coisa, é importante entender uma verdade fundamental: autoestima é uma escolha. Sim, é isso mesmo. Pode parecer estranho dizer que você pode escolher se valorizar, especialmente se você passou anos ouvindo sua voz interna te dizendo o contrário. Mas a boa notícia é que, assim como aprendeu a se criticar, você pode aprender a se amar e se valorizar. E a partir do momento em que você faz essa escolha, as coisas começam a mudar.

Autoestima não significa que você vai acordar todos os dias se sentindo incrível e confiante. Significa que, mesmo nos dias difíceis, você saberá que tem valor. Significa que, mesmo quando o mundo parecer estar contra você, você terá uma força interna que te sustentará. E essa força não vem de fatores externos — ela vem de dentro de você. Neste livro, vamos explorar maneiras práticas de cultivar essa força, de modo que ela esteja sempre acessível, independente das circunstâncias.

Agora, eu sei que o caminho para fortalecer a autoestima pode parecer desafiador. Talvez você tenha ouvido por anos que não é bom o suficiente, ou talvez as circunstâncias da vida tenham minado sua confiança. Mas aqui está o ponto: sua história até agora não define seu futuro. Não importa o que tenha acontecido antes, você pode, a partir de hoje, começar a escrever uma nova narrativa. E eu estou aqui para te guiar nesse processo.

Este livro é dividido em duas partes: teoria e prática. Em cada capítulo, vamos explorar profundamente conceitos relacionados à autoestima, fé, determinação e autocuidado. Mas eu quero que você saiba que este não é apenas um livro teórico. Aqui, você encontrará ferramentas práticas para aplicar no seu dia a dia, para que possa sentir a mudança acontecendo de verdade. Ao final de cada capítulo, haverá exercícios que te ajudarão a colocar em prática o que discutimos, para que você possa ver resultados tangíveis em sua vida.

Por que isso é importante? Porque a autoestima não é algo que acontece da noite para o dia. É um processo. Um compromisso que você faz consigo mesmo. E cada exercício que você fizer, cada reflexão que você tiver, cada pequeno passo que você der, te aproximará da versão mais forte e confiante de si mesmo.

Eu quero que você se imagine daqui a alguns meses. Como seria se você realmente acreditasse em si mesmo? Como seria se você se olhasse no espelho e visse uma pessoa digna de amor, respeito e felicidade? Se você realmente acreditasse que merece tudo de bom que a vida tem a oferecer? Isso é possível. E eu vou te mostrar como.

Então, por que não se comprometer com essa jornada? Tudo começa com uma decisão. A decisão de que você vale a pena, de que sua felicidade e seu bem-estar são importantes. Porque, no final das contas, tudo que você precisa para transformar sua vida já está dentro de você. Este livro é apenas um guia para te ajudar a desbloquear essa força.

Eu acredito que você está pronto para essa transformação. Você já deu o primeiro passo ao abrir este livro. Agora, deixe-me te guiar pelos próximos passos. Juntos, vamos construir uma base sólida de autoestima, baseada em amor-próprio, fé e determinação. E ao final desta jornada, você não só se sentirá mais forte, mas também estará mais preparado para viver a vida que você merece.

Então, respire fundo, abra sua mente e seu coração, e prepare-se para a jornada mais importante da sua vida: a jornada para descobrir e liberar sua verdadeira força interior.

Capítulo 1: Autoestima e o Poder da Percepção Pessoal

"Você é o autor da sua própria história; a maneira como se vê determina os capítulos que escreve a seguir."

A autoestima não é apenas um conceito abstrato. Ela é o filtro pelo qual você enxerga o mundo e, mais importante, como você se enxerga dentro dele. Muitos acreditam que ter uma autoestima saudável significa gostar de si o tempo todo ou se sentir sempre seguro, mas isso é uma interpretação rasa. *A autoestima é a base de como lidamos com os desafios, com o amor-próprio e com a nossa capacidade de transformar nossa vida, independentemente das circunstâncias.* Neste capítulo, vamos mergulhar na compreensão profunda de como ela se forma, se diferencia de conceitos como autoconfiança e ego, e como influencia todas as áreas da sua vida.

O que é Autoestima?

Em sua essência, a autoestima é a percepção que temos sobre o nosso valor pessoal. Ela vai muito além do que a aparência física, o status social ou as conquistas podem representar. *Autoestima é sobre reconhecer e validar a si mesmo como um ser completo, com falhas e virtudes, em um processo constante de evolução.* O que muitas pessoas não percebem é que essa percepção é moldada, em grande parte, por crenças e padrões de pensamento que muitas vezes adotamos inconscientemente.

Aqui entra um conceito interessante da Programação Neurolinguística (PNL). De acordo com a PNL, nossas crenças são como programas que rodamos internamente. Se você acredita que é digno, que merece coisas boas, que é capaz de superar desafios, você tende a agir em conformidade com essas crenças. *Se, no entanto, seu "programa interno" é formado por crenças limitantes — como "eu não sou bom o suficiente" ou "eu nunca serei feliz com minha aparência" —, essas percepções acabam moldando sua realidade.* É um ciclo que se retroalimenta: sua percepção de si afeta suas ações, e suas ações reforçam essa percepção.

Curiosidade: Você sabia que, segundo estudos da neurociência, nosso cérebro é programado para focar no negativo como uma forma de autoproteção? Isso significa que, se não estivermos atentos, podemos deixar que uma única crítica defina como nos sentimos sobre nós mesmos, mesmo que recebamos elogios com frequência.

Autoestima x Autoconfiança x Ego

Embora muitas vezes usados como sinônimos, autoestima, autoconfiança e ego são conceitos diferentes que exercem papéis distintos em nossa vida.

Autoestima é a fundação. Ela responde à pergunta: *"Como eu me vejo e como me sinto a respeito disso?"* Ela é silenciosa e constante. *Quando você tem autoestima, não precisa provar nada para ninguém, porque sabe que, independentemente de erros ou sucessos, seu valor como pessoa permanece intacto.*

Já **autoconfiança** tem a ver com a crença nas suas habilidades e competências em realizar algo. É possível, por exemplo, ser confiante em uma habilidade específica, como no trabalho, e ao mesmo tempo ter uma autoestima baixa. Um exemplo clássico disso é a pessoa que é extremamente competente em sua carreira, mas sente-se insegura nas relações pessoais, sempre duvidando do próprio valor.

Por fim, temos o **ego**, que é frequentemente confundido com autoestima. O ego, no entanto, é como uma armadura frágil que tentamos construir para esconder nossas vulnerabilidades. *Ele busca validação externa, enquanto a autoestima é uma fonte de validação interna.* Quando uma pessoa age por ego, ela está mais preocupada com a imagem que projeta para os outros, em vez de como realmente se sente por dentro.

Como a Autoestima Afeta Todas as Áreas da Vida

Agora, vamos explorar como a autoestima impacta as principais áreas da sua vida: relações, trabalho e saúde emocional.

Relações Pessoais

Nossa autoestima é a lente pela qual enxergamos o mundo, inclusive nossas interações com outras pessoas. *Se você tem uma autoestima saudável, tende a estabelecer limites claros, cultivar relações mais equilibradas e evitar a necessidade de agradar constantemente.* Por outro lado, uma baixa autoestima pode levar a comportamentos autossabotadores, como tolerar relações tóxicas, aceitar menos do que você merece ou, ao contrário, afastar pessoas por medo de rejeição.

Imagine, por exemplo, uma pessoa que, por não se sentir boa o suficiente, aceita ser tratada com desrespeito em um relacionamento. O medo de ficar sozinha ou de não ser capaz de encontrar algo melhor impede que ela saia dessa situação, perpetuando um ciclo de infelicidade. *Quando a autoestima está intacta, essa mesma pessoa entende que sua felicidade e bem-estar vêm em primeiro lugar, e é mais fácil tomar decisões saudáveis para si.*

Carreira e Trabalho

No trabalho, a autoestima está diretamente ligada ao seu desempenho e satisfação. *Pessoas com uma autoestima elevada estão mais dispostas a correr riscos, assumir desafios e expressar suas ideias, pois confiam em seu valor e em sua capacidade de contribuir.* Elas se destacam porque não têm medo do fracasso — para elas, errar faz parte do aprendizado.

Por outro lado, alguém com baixa autoestima pode duvidar constantemente de suas habilidades, evitar oportunidades por medo de falhar ou, em casos mais extremos, não reivindicar o reconhecimento que merece. Um exemplo disso seria o funcionário que trabalha arduamente, mas nunca pede um aumento, por não acreditar que merece ser recompensado.

Saúde Emocional

A ligação entre autoestima e saúde emocional é profunda. *Uma autoestima baixa pode ser a porta de entrada para sentimentos de depressão, ansiedade e até isolamento social.* Quando não acreditamos em nosso valor, ficamos mais vulneráveis às críticas externas e às nossas próprias autocríticas. Isso cria um ciclo de negatividade, onde cada pequeno erro ou rejeição é amplificado, enquanto os sucessos e conquistas são minimizados ou ignorados.

Ao cultivar uma autoestima saudável, você fortalece sua resiliência emocional. *Você aprende a lidar com os altos e baixos da vida com mais equilíbrio e confiança,* sabendo que, independentemente do que aconteça, sua essência permanece intacta.

Práticas para Fortalecer sua Autoestima

Agora que você entende a importância da autoestima e como ela afeta sua vida, que tal colocar isso em prática? Abaixo estão algumas ações simples, mas poderosas, para começar a fortalecer sua autoestima:

1. **Questione suas crenças limitantes.** Pegue um pedaço de papel e escreva todas as crenças que você tem sobre si mesmo. Pergunte-se: *"De onde vem essa crença?"* e *"Ela realmente reflete a realidade?"* Comece a substituí-las por afirmações positivas que reforcem seu valor.
2. **Pratique o autocuidado.** Cuidar de si mesmo não é luxo, é uma necessidade. *Reservar tempo para cuidar da sua saúde física, emocional e mental é um ato de amor-próprio.* Isso pode ser desde cuidar da alimentação, fazer exercícios físicos ou simplesmente dedicar alguns minutos do dia para relaxar.
3. **Corte comparações.** A comparação é o ladrão da alegria. Sempre haverá alguém mais rico, mais bonito ou mais talentoso. *O foco deve ser em sua própria jornada e nos passos que você está dando em direção aos seus objetivos.*
4. **Estabeleça limites saudáveis.** Dizer "não" não faz de você uma pessoa ruim. *Estabelecer limites claros é uma forma de proteger sua energia e garantir que você está priorizando o que realmente importa para sua felicidade.*
5. **Cerque-se de positividade.** *Pessoas que te elevam e ambientes que te inspiram fazem toda a diferença.* Afaste-se de influências

negativas que te puxam para baixo e comece a nutrir relações que te façam sentir bem.

A autoestima não é algo que nasce com a gente ou que está gravado em pedra. Ela pode ser cultivada, aprimorada e fortalecida ao longo da vida. *O segredo está em perceber que, no final das contas, você tem o poder de moldar sua própria percepção de si.* Ao trabalhar nisso, você descobrirá que não só sua autoestima melhora, mas todos os aspectos da sua vida se alinham de uma maneira mais positiva e harmoniosa.

Lembre-se: *você é digno de amor, respeito e felicidade, exatamente como é.*

Capítulo 2: A Influência da Aparência Física e dos Padrões Sociais

"A beleza real não está no espelho, mas na forma como você escolhe se enxergar."

Vivemos na era das comparações digitais. Com um simples deslizar de dedos, somos bombardeados por imagens de corpos perfeitos, sorrisos impecáveis e vidas que parecem tiradas de um conto de fadas. As redes sociais, que antes conectavam pessoas, agora muitas vezes contribuem para a desconexão mais profunda: a de nós mesmos. *Estamos cada vez mais medindo nosso valor com base em padrões irreais e, consequentemente, nossa autoestima se torna refém dessas imagens idealizadas.*

Mas o que há por trás dessa busca incessante por uma aparência física perfeita? Como esses padrões de beleza são construídos, e mais importante, como podemos desconstruí-los para nos libertarmos e nos aceitarmos como somos? Neste capítulo, vamos explorar essas questões, oferecendo ferramentas práticas para que você possa reconhecer e transformar suas crenças sobre aparência.

A Era das Comparações Digitais

As redes sociais, como Instagram, TikTok e Facebook, nos expõem a uma infinidade de imagens diariamente. Enquanto você rola pelo feed, vê fotos perfeitamente editadas, corpos esculpidos e vidas que parecem livres de imperfeições. A mensagem implícita é clara: *"Se você não se parece com isso, há algo errado com você."*

A verdade é que essas imagens são apenas fragmentos da realidade, muitas vezes manipuladas por filtros e edições. Mesmo assim, nosso cérebro, que é naturalmente programado para se comparar aos outros, toma essas imagens como referência. *E quanto mais você se compara a esses padrões inatingíveis, mais sua autoestima sofre.*

Curiosidade: Um estudo recente mostrou que pessoas que passam mais de 2 horas por dia nas redes sociais têm uma probabilidade significativamente maior de relatar níveis mais baixos de autoestima e maior insatisfação corporal. Isso ocorre porque o cérebro humano tem dificuldade em distinguir entre o que é real e o que é idealizado, especialmente quando exposto a tantas imagens "perfeitas".

Como as Redes Sociais Moldam a Autoestima

Você já se pegou olhando para fotos antigas de si mesmo e pensando: "Eu era tão bonito naquela época, mas na época eu não percebia"? Isso acontece porque estamos constantemente nos medindo com base no que vemos ao nosso redor — e hoje, com as redes sociais, essa comparação nunca esteve tão presente. *A cada imagem que vemos, criamos um novo padrão, uma nova expectativa que, na maioria das vezes, é impossível de atingir.*

Esse ciclo de comparação e insatisfação afeta diretamente nossa autoestima. Ao invés de valorizar o que temos de único, passamos a enxergar nossas imperfeições como defeitos, e a buscar uma perfeição que simplesmente não existe. *A verdade é que não há problema em querer melhorar sua aparência, mas é fundamental que isso venha de um lugar de amor-próprio, e não de uma busca incessante por aprovação externa.*

Desconstruindo Padrões de Beleza

Os padrões de beleza são construções sociais, que mudam com o tempo e o lugar. O que é considerado bonito hoje, pode não ter sido há 50 anos, ou pode não ser em outra cultura. E, no entanto, nos deixamos prender a essas regras invisíveis sobre como devemos nos parecer. *Você já parou para pensar em quem cria esses padrões?* Por que uma determinada forma de corpo é glorificada em um momento, enquanto outra é desconsiderada?

Essa percepção pode ser libertadora. Se entendermos que os padrões de beleza são arbitrários, podemos começar a questionar as crenças que temos sobre nossa própria aparência. Uma ferramenta poderosa para isso é a Programação Neurolinguística (PNL), que nos ajuda a identificar e transformar essas crenças limitantes.

Exercício Prático de PNL: Identificando e Transformando Crenças Sobre Aparência

1. **Identifique suas crenças limitantes.** Pegue um caderno e responda à seguinte pergunta: *"Quais são as crenças que tenho sobre minha aparência física?"* Pode ser algo como "Eu nunca vou ser magro o suficiente", "Minha pele nunca será perfeita" ou "Eu não sou bonito(a) como as outras pessoas." Escreva todas as suas crenças sem filtros.
2. **Questione a origem dessas crenças.** Agora, para cada crença, pergunte-se: *"De onde vem essa crença?"* Ela foi criada por algo que alguém disse a você? Por algo que você viu nas redes sociais? Pela forma como a mídia retrata a beleza? Ao entender de onde essas crenças vêm, você começa a perceber que elas são influências externas e não verdades absolutas.
3. **Transforme essas crenças.** Para cada crença limitante, escreva uma nova crença positiva e realista. Por exemplo, se você escreveu "Eu nunca vou ser magro o suficiente", substitua por "Eu estou no processo de cuidar melhor do meu corpo e minha saúde é o que importa." Se a crença for "Minha pele nunca será perfeita", transforme para "Minha pele reflete minha saúde e eu estou aprendendo a cuidar dela de forma amorosa."
4. **Reforce diariamente.** A repetição é chave para reprogramar a mente. Leia suas novas crenças todos os dias, de preferência em voz alta. *O cérebro precisa de repetição para mudar padrões antigos e aceitar novas verdades.*

Exemplos Reais: Desafiando Padrões de Beleza

Agora, vamos trazer exemplos de pessoas que decidiram romper com esses padrões e como isso impactou suas vidas.

O Caso de Ashley Graham

Ashley Graham é uma modelo que desafiou as normas da indústria da moda. Com seu corpo curvilíneo, ela se tornou uma das maiores vozes contra os padrões de magreza impostos às mulheres. *Ao invés de tentar se encaixar em um molde impossível, ela abraçou suas curvas e incentivou outras mulheres a fazerem o mesmo.* Hoje, Ashley é uma modelo de renome internacional, e sua confiança em si mesma inspira milhões de pessoas a se aceitarem como são.

Ashley já falou abertamente sobre como, no início de sua carreira, foi pressionada a perder peso para se encaixar nos padrões da moda. No entanto, ao perceber que esses padrões eram inatingíveis para ela, *ela fez uma escolha corajosa: decidiu que não deixaria sua autoestima ser definida pelo que os outros achavam que ela deveria ser.* Essa decisão não apenas transformou sua carreira, mas também sua vida pessoal.

O Movimento de Aceitação do Cabelo Natural

Outro exemplo de pessoas desafiando padrões de beleza é o movimento de aceitação do cabelo natural. Durante muito tempo, pessoas com cabelos crespos e cacheados foram ensinadas que deveriam alisar seus cabelos para serem consideradas bonitas ou profissionais. *No entanto, nos últimos anos, houve um renascimento da aceitação do cabelo natural, liderado por mulheres e homens que decidiram abraçar sua beleza única e natural.*

Esse movimento não é apenas sobre aparência, mas sobre identidade e autoestima. *Muitas pessoas relataram que, ao deixar de tentar se adequar a um padrão de beleza europeu, sentiram uma sensação profunda de libertação e empoderamento.* Para elas, o cabelo natural representa mais do que uma escolha estética — é uma afirmação de que são suficientes exatamente como são.

Como Você Pode Desafiar os Padrões de Beleza

Agora que você conhece exemplos de pessoas que desafiaram os padrões de beleza, o que você pode fazer para começar a libertar-se das expectativas irreais sobre sua aparência? Abaixo estão algumas sugestões práticas:

1. **Desconecte-se das redes sociais por um tempo.** Se você

perceber que está se comparando constantemente às imagens que vê online, tente fazer uma pausa. *Use esse tempo para se reconectar com quem você realmente é, fora das influências externas.*

2. **Siga perfis que promovem aceitação corporal e diversidade.** Encher seu feed de imagens que celebram diferentes tipos de corpos pode ser uma forma poderosa de reprogramar sua mente para aceitar que *beleza não tem uma forma única.*
3. **Experimente algo novo com sua aparência que te faça se sentir bem.** Pode ser algo simples, como mudar o penteado, ou algo mais ousado, como usar uma roupa que você sempre quis, mas nunca teve coragem. *O importante é que a mudança venha de um lugar de celebração, e não de tentativa de se encaixar em um padrão.*

Os padrões de beleza são uma construção social, mas sua autoestima não precisa ser. *Ao questionar as crenças limitantes sobre sua aparência e desafiar os padrões que o cercam, você pode começar a ver sua beleza de uma forma completamente nova — uma forma que valoriza sua individualidade e autenticidade.*

Lembre-se: *você não precisa se moldar aos padrões dos outros para ser considerado bonito(a).* Sua verdadeira beleza está em como você se enxerga e, mais importante, em como você escolhe amar a si mesmo.

Capítulo 3: Identificando a Raiz da Baixa Autoestima

"Antes de enfrentar o mundo, é preciso primeiro enfrentar as vozes silenciosas dentro de nós."

A autoestima é como a fundação de uma casa: invisível, mas essencial para a estabilidade. Quando essa base é frágil, tudo que construímos sobre ela se torna vulnerável a abalos. Você já se perguntou por que às vezes se sente tão pequeno, mesmo quando nada de aparentemente grave está acontecendo? Esses sentimentos muitas vezes são respostas automáticas a experiências passadas que nos marcaram profundamente. *Nossa história pessoal e familiar tem um impacto maior do que imaginamos na forma como nos vemos e nos sentimos no presente.*

Identificar a raiz da baixa autoestima é o primeiro passo para quebrar o ciclo de pensamentos negativos e reconstruir a forma como nos enxergamos. Este capítulo vai guiá-lo nesse processo de identificação, mostrando como os gatilhos emocionais e as crenças familiares podem moldar nossa percepção de nós mesmos e oferecendo ferramentas práticas para começar a transformar essas crenças.

Os Gatilhos Emocionais: Como Traumas e Crenças Familiares Influenciam a Autoestima

Se você refletir sobre suas primeiras memórias relacionadas à sua autoestima, provavelmente encontrará momentos em que se sentiu diminuído, inadequado ou inseguro. Essas experiências podem estar relacionadas a traumas — grandes ou pequenos — que moldaram sua percepção de si mesmo.

Um trauma pode ser algo intenso e evidente, como o bullying na escola ou uma rejeição dolorosa, mas também pode ser algo mais sutil, como uma crítica constante de um familiar ou uma comparação negativa entre você e outra pessoa. Muitas vezes, *não percebemos o quanto essas pequenas "feridas" se acumulam e se transformam em crenças sobre nossa própria incapacidade ou inadequação.*

Os valores e crenças da sua família também desempenham um papel crucial na construção da sua autoestima. Se você cresceu em um ambiente onde a crítica era mais comum que o elogio, ou onde a perfeição era exigida em todos os aspectos, é possível que tenha desenvolvido uma visão distorcida de si mesmo. *Talvez você tenha aprendido a se ver através dos olhos daqueles que lhe criticaram, esquecendo de olhar para si mesmo com gentileza e compaixão.*

Curiosidade: Você sabia que a maioria das crenças limitantes relacionadas à autoestima é formada antes dos 7 anos de idade? Isso acontece porque, nessa fase da vida, o cérebro está em um estado altamente sugestivo, absorvendo informações e experiências sem filtrá-las de forma crítica. Ou seja, aquilo que vivenciamos na infância tem um impacto profundo e duradouro em nossa autoestima adulta.

Primeiros Sinais de Alerta: Identificando a Baixa Autoestima

Às vezes, a baixa autoestima se manifesta de maneiras sutis, e você pode não perceber que ela está afetando várias áreas da sua vida. Para ajudar a identificar se você está lidando com baixa autoestima, aqui está uma lista prática de sinais emocionais e comportamentais:

1. **Auto-sabotagem:** Você evita oportunidades que poderiam trazer crescimento, por medo de fracassar ou não se sentir "bom o suficiente". *Isso pode incluir desde evitar falar em público até recusar novas responsabilidades no trabalho.*
2. **Crítica interna constante:** A voz dentro da sua cabeça nunca parece satisfeita. Mesmo quando você faz algo bem, *você encontra motivos para acreditar que não foi suficiente.*
3. **Dificuldade em aceitar elogios:** Quando alguém o elogia, sua reação imediata é rejeitar ou minimizar o elogio, como se não fosse merecedor.

4. **Necessidade de agradar a todos:** Você se preocupa excessivamente com o que os outros pensam e faz de tudo para ser aceito, muitas vezes ignorando suas próprias necessidades e desejos.
5. **Perfeccionismo paralisante:** Embora buscar a excelência seja saudável, o perfeccionismo extremo é um sinal de baixa autoestima, pois reflete o medo de errar e a crença de que apenas o "perfeito" é aceitável.
6. **Isolamento social:** Acreditando que você não é "bom o suficiente" para estar com os outros, você evita interações sociais ou mantém uma certa distância emocional das pessoas.
7. **Procrastinação:** A falta de confiança em suas habilidades leva à procrastinação. *Você adia tarefas importantes porque, lá no fundo, acredita que não conseguirá fazer um bom trabalho.*

Esses sinais podem ser tanto pequenos incômodos quanto grandes barreiras em sua vida. *Reconhecê-los é o primeiro passo para começar a mudar.*

Exercício de PNL: Técnica de Dissociação para Identificar Crenças Negativas

A Programação Neurolinguística (PNL) oferece uma série de ferramentas eficazes para modificar nossas crenças e comportamentos. Um dos métodos mais poderosos é a técnica de dissociação, que nos permite observar nossos pensamentos e sentimentos de uma perspectiva externa. *Esse distanciamento ajuda a identificar as crenças negativas enraizadas, que muitas vezes agem como barreiras invisíveis.*

Passo a Passo para o Exercício de Dissociação

1. **Escolha uma situação específica.** Pense em um momento recente em que você se sentiu inseguro, criticado ou inadequado. *Pode ser uma situação no trabalho, com amigos ou até mesmo um momento de reflexão pessoal.*
2. **Crie uma imagem mental dessa situação.** Feche os olhos e

visualize a cena em detalhes. Veja-se no "filme" mental, como se você estivesse observando a situação do lado de fora, como um espectador. Note como você se comporta, o que você diz para si mesmo, e como os outros reagem a você. *Tente observar sem julgamento, apenas como se estivesse assistindo a um filme sobre outra pessoa.*

3. **Identifique as emoções.** Enquanto assiste a essa cena, preste atenção às emoções que surgem. *Você se sente envergonhado, frustrado, triste ou com raiva?* Reconheça essas emoções, mas mantenha a posição de espectador.
4. **Pergunte-se sobre as crenças subjacentes.** Agora, pergunte-se: *"O que essa situação revela sobre o que eu acredito sobre mim mesmo?"* Talvez você perceba que a crença por trás da situação é "Eu não sou bom o suficiente", "Eu sempre falho" ou "As pessoas não me aceitam como sou."
5. **Dissocie-se ainda mais.** Imagine agora que você pode "sair" ainda mais dessa cena, vendo não só a situação, mas também a forma como você está pensando e reagindo. *Esse distanciamento adicional pode ajudá-lo a ver o quanto essas crenças são apenas interpretações do momento, e não verdades absolutas.*
6. **Reescreva a cena.** Agora, com essa nova perspectiva, volte à cena original e reescreva-a mentalmente. Imagine-se reagindo de uma forma mais fortalecida, com confiança e autoestima. *Veja-se lidando com a situação de maneira positiva, reafirmando crenças saudáveis como "Eu sou capaz" e "Eu sou digno."*
7. **Reforce a nova crença.** Para reforçar essa nova perspectiva, escolha uma frase positiva que substitua a antiga crença negativa. Algo como: *"Eu sou suficiente, exatamente como sou."* Repita essa nova crença todos os dias, para que ela comece a substituir os padrões antigos.

Exemplos Reais: Superando Crenças Negativas

O Caso de Carla

Carla, uma profissional bem-sucedida, sempre lutou com a crítica interna. Mesmo após conquistas significativas no trabalho, ela se sentia insegura e constantemente duvidava de sua capacidade. *Sua crença limitante era: "Eu só tive sorte, eu não sou realmente boa no que faço."*

Ao fazer o exercício de dissociação, Carla percebeu que essa crença vinha das comparações constantes que fazia com seus colegas. Ao observar a si mesma "de fora", ela notou que estava minimizando suas realizações e supervalorizando as conquistas dos outros. *Essa nova perspectiva permitiu que Carla reescrevesse sua história interna, substituindo a crença de que ela "teve sorte" pela certeza de que "Eu trabalhei duro para chegar até aqui, e mereço meu sucesso."*

O Caso de Pedro

Pedro sempre teve dificuldade em se abrir emocionalmente em relacionamentos. Ele acreditava que não era digno de ser amado, uma crença que remontava à sua infância, quando cresceu em um ambiente familiar crítico. *Essa crença negativa influenciava diretamente sua autoestima, fazendo com que ele se distanciasse de seus parceiros, temendo o abandono.*

Com a técnica de dissociação, Pedro conseguiu identificar que essa crença era baseada em experiências passadas que já não faziam sentido em sua vida adulta. *Ao dissociar-se da situação e reescrever suas crenças, ele foi capaz de enxergar que era merecedor de amor e conexão, o que transformou seus relacionamentos.*

A raiz da baixa autoestima frequentemente está em experiências passadas que moldaram nossas crenças sobre nós mesmos. *Entender esses gatilhos emocionais e reconhecer os sinais de alerta é o primeiro passo para reconstruir sua confiança e autopercepção.* Com técnicas como a dissociação, você pode observar suas crenças limitantes de uma perspectiva externa e, a partir daí, começar a transformá-las.

Lembre-se: *você não é definido pelo seu passado ou pelas crenças que carrega há anos.* Com as ferramentas certas, você pode reescrever sua história e começar a se ver com os olhos da compaixão e da aceitação.

Capítulo 4: O Processo de Aceitação e Reconstrução do Eu

"A verdadeira mudança começa quando paramos de lutar contra quem somos e começamos a abraçar nossa própria história."

Imagine por um momento que você está em frente a um espelho. Ao olhar para si mesmo, o que você vê? Mais do que isso, como você se sente em relação ao que vê? Para muitos, esse reflexo é acompanhado por uma lista de críticas e autodepreciações. Mas e se, em vez de criticar, você decidisse *aceitar* o que está diante de você — não como um ato de conformismo, mas como o primeiro passo para uma transformação verdadeira? A aceitação incondicional não é desistir de mudar, mas sim reconhecer que você é digno de amor e respeito, exatamente como é, enquanto trabalha para se tornar a melhor versão de si mesmo.

Este capítulo vai guiá-lo pelo processo de aceitação e reconstrução do seu eu, mostrando que *aceitar-se* não é o fim da linha, mas o começo de uma jornada poderosa de crescimento. Aqui, você encontrará exercícios práticos para fortalecer seu amor-próprio, além de histórias inspiradoras de pessoas que conseguiram transformar suas vidas por meio da aceitação.

O Poder da Aceitação Incondicional

Quando falamos sobre aceitação, muitas pessoas interpretam isso como resignação — uma forma de dizer "é assim que as coisas são, e não há nada que eu possa fazer a respeito". Mas a verdadeira aceitação incondicional é exatamente o oposto. *Aceitar-se como você é agora não significa que você deve permanecer assim para sempre.* Na verdade, é a partir desse lugar de aceitação que você encontra o espaço emocional e mental necessário para crescer.

Pense na aceitação como a base sólida sobre a qual você pode construir uma vida mais rica e significativa. Quando você nega aspectos de si mesmo — seja sua aparência, sua história ou suas falhas — você desperdiça energia tentando esconder ou mudar o que já é uma parte de você. *Por outro lado, quando você se permite ser quem você é, com todas as suas imperfeições e singularidades, essa energia é redirecionada para sua transformação.*

Curiosidade: Pesquisas em psicologia sugerem que a autocompaixão, que inclui a aceitação incondicional, está fortemente relacionada a níveis mais altos de resiliência emocional. Pessoas que praticam a autocompaixão tendem a se recuperar mais rapidamente de desafios e fracassos, justamente porque não se culpam ou se criticam de forma excessiva. Elas conseguem reconhecer suas dificuldades sem se deixar definir por elas.

Exercícios Práticos de Amor-Próprio

Agora que entendemos a importância da aceitação incondicional, vamos explorar algumas ferramentas práticas que você pode começar a usar imediatamente para fortalecer sua autoestima. A Programação Neurolinguística (PNL) oferece técnicas eficazes para reforçar emoções positivas e ancorar sentimentos de amor-próprio. Aqui estão alguns exercícios que você pode praticar no seu dia a dia.

Técnica de Ancoragem Emocional

A ancoragem emocional é uma técnica da PNL que permite que você associe sentimentos positivos a estímulos específicos, como um toque, uma imagem ou até uma palavra. *A ideia é que você possa evocar essas emoções de forma rápida e eficaz sempre que precisar.* Siga os passos abaixo para ancorar o sentimento de amor-próprio:

1. **Escolha um momento de pura autovalorização.** Pense em um momento no passado em que você se sentiu totalmente confiante, valorizado e em paz consigo mesmo. *Pode ser uma lembrança de uma conquista importante, um elogio que você recebeu ou um momento de conexão consigo mesmo.* Se for difícil lembrar de algo, imagine como seria sentir esse amor-próprio.
2. **Reviva a emoção.** Feche os olhos e visualize esse momento

com o máximo de detalhes possível. *Veja o que você viu, ouça o que ouviu e, mais importante, sinta o que sentiu naquela ocasião.* Permita-se reviver essa emoção profundamente, como se estivesse acontecendo agora.

3. **Associe um estímulo físico.** Enquanto estiver no auge dessa emoção, escolha um estímulo físico para associar a esse sentimento. *Pode ser um toque suave em seu pulso, apertar a ponta de seus dedos ou até mesmo colocar a mão no coração.* O importante é que esse gesto seja simples e discreto, para que você possa usá-lo em qualquer lugar.
4. **Reforce a ancoragem.** Repita esse processo diariamente, ancorando a emoção de amor-próprio ao gesto escolhido. *Com o tempo, sempre que precisar de um lembrete de que você é digno de amor e respeito, basta realizar o gesto e o sentimento positivo surgirá de forma natural.*

Exercício do Espelho

Outro exercício poderoso é o exercício do espelho, que envolve olhar para si mesmo com amor e aceitação, em vez de críticas e julgamentos.

1. **Encontre um espaço tranquilo.** Coloque-se em frente a um espelho, de preferência em um ambiente calmo e silencioso, onde você possa se concentrar sem distrações.
2. **Olhe nos seus próprios olhos.** Olhe profundamente nos seus olhos, como se estivesse olhando para a alma de um amigo querido. *Ao fazer isso, perceba todas as emoções que surgem. Talvez você sinta desconforto, vergonha ou tristeza — e tudo bem. Apenas reconheça esses sentimentos sem julgamento.*
3. **Fale palavras de amor e aceitação.** Diga em voz alta (ou em pensamento, se preferir): *"Eu me aceito exatamente como sou. Eu sou digno de amor. Eu sou suficiente."* Pode parecer estranho no começo, mas com a prática, essas palavras se tornarão uma verdade em seu coração.

4. **Repita diariamente.** Quanto mais você praticar esse exercício, mais natural será olhar para si mesmo com carinho e aceitação. *Lembre-se: o objetivo aqui não é se convencer de que você é perfeito, mas sim reconhecer que você é digno de amor, independentemente de suas falhas.*

Histórias de Sucesso: Pessoas que Reconstruíram sua Autoestima por Meio da Aceitação

Nada é mais poderoso do que a história de alguém que transformou sua vida ao abraçar a aceitação incondicional. Aqui estão dois exemplos de pessoas que, através da aceitação de suas imperfeições, conseguiram reconstruir suas vidas e autoestima.

O Caso de Luísa

Luísa sempre lutou com questões de imagem corporal. Desde a adolescência, ela se comparava constantemente com modelos de beleza irreais e sentia que nunca estaria à altura. *Seu reflexo no espelho era sempre acompanhado por críticas: "Eu não sou bonita o suficiente", "Eu nunca vou ser como elas".* Isso afetou sua confiança, suas relações pessoais e até mesmo sua carreira, já que ela se isolava de oportunidades por acreditar que sua aparência a limitava.

Foi somente quando Luísa começou a praticar o exercício do espelho que sua percepção de si mesma começou a mudar. No início, olhar para si mesma e dizer palavras de aceitação era incrivelmente difícil. *Mas com o tempo, ela começou a ver além das imperfeições físicas e a reconhecer sua beleza interna.* Ela percebeu que seu valor ia muito além de sua aparência e começou a aceitar seu corpo como ele era. Hoje, Luísa lidera uma campanha de autoestima e amor-próprio, inspirando outras mulheres a se aceitarem como são.

O Caso de João

João cresceu em uma família onde o sucesso acadêmico era a principal medida de valor. Ele sempre se destacou na escola, mas isso veio com um preço: *ele se definia inteiramente por suas conquistas.* Quando entrou no mercado de trabalho e encontrou desafios que não podia resolver imediatamente, sua autoestima despencou. João acreditava que, se não fosse perfeito em tudo o que fazia, não tinha valor.

A virada aconteceu quando ele começou a praticar a técnica de ancoragem emocional da PNL. Ao reviver momentos em que se sentiu confiante e capaz, João conseguiu ancorar esses sentimentos positivos a um simples toque em seu pulso. *Sempre que enfrentava uma situação desafiadora, ele utilizava esse gesto para se reconectar com seu valor intrínseco.* Com o tempo, João aprendeu que ele não precisava ser perfeito para ser valioso. Ele reconstruiu sua autoestima a partir da aceitação de suas falhas e hoje se sente mais confiante do que nunca.

A aceitação incondicional é o primeiro passo para a transformação pessoal. *Aceitar-se como você é agora não significa que você vai permanecer o mesmo para sempre, mas sim que você está abrindo espaço para o crescimento genuíno.* Quando você para de lutar contra suas falhas e começa a se ver com compaixão, as portas para uma verdadeira mudança se abrem.

Lembre-se: *a aceitação é uma escolha diária.* Ao praticar técnicas como a ancoragem emocional e o exercício do espelho, você começará a construir uma relação mais saudável consigo mesmo, fortalecendo sua autoestima e criando uma base sólida para se tornar a melhor versão de si mesmo.

Não há caminho mais poderoso para a transformação do que aceitar que você já é suficiente, exatamente como é, e que, a partir dessa base, pode conquistar o que quiser na vida.

Capítulo 5: Quebrando Crenças Limitantes com Ferramentas de PNL

"A mudança começa quando deixamos de acreditar nas histórias que nos limitam e começamos a escrever novas narrativas sobre quem realmente somos."

Imagine que sua mente é como um jardim. Algumas plantas crescem saudáveis, enquanto outras podem estar murchas, sufocadas por ervas daninhas. Essas ervas daninhas são as crenças limitantes — pensamentos e convicções que, muitas vezes, foram implantados em sua mente ao longo dos anos, sem que você percebesse. *Elas impedem o florescimento do seu verdadeiro potencial e, se não forem identificadas e removidas, podem bloquear o caminho para uma autoestima saudável.*

Neste capítulo, vamos explorar como essas crenças se formam e, mais importante, como podemos usar ferramentas da Programação Neurolinguística (PNL) para quebrá-las, substituindo-as por novas e empoderadoras. A PNL é uma metodologia poderosa que permite reprogramar sua mente e abrir espaço para um crescimento genuíno. Aqui, você aprenderá a identificar suas crenças limitantes, a modificar essas crenças usando técnicas práticas e a criar uma nova identidade mental que promove confiança e autoestima.

Entendendo Crenças Limitantes

Todos nós temos crenças. Algumas nos fortalecem e outras nos limitam. Mas o que exatamente são *crenças limitantes*? Elas são aquelas ideias profundamente enraizadas que dizem o que você pode ou não pode fazer, ser ou alcançar. Muitas vezes, elas se desenvolvem na infância ou através de experiências negativas e se instalam como "verdades absolutas". *É como se elas colocassem óculos escuros na sua percepção, fazendo você enxergar o mundo de uma maneira distorcida.*

Por exemplo, uma crença limitante comum pode ser: *"Eu nunca serei bom o suficiente."* Ou, talvez, *"Ninguém me ama de verdade porque não sou atraente o bastante."* Essas afirmações ficam gravadas no seu inconsciente e, sem que você perceba, começam a influenciar suas escolhas, comportamentos e, claro, sua autoestima.

Curiosidade: Estudos mostram que as crenças limitantes podem ter origem em eventos específicos, mas muitas vezes são reforçadas por padrões de pensamento repetitivos. Isso significa que, quanto mais você se conta uma "história" negativa sobre si mesmo, mais você fortalece essa crença. Por isso, modificar essas histórias internas é crucial para a transformação pessoal.

Exercício de Reprogramação Mental: A Técnica da Linha do Tempo

Uma das técnicas mais eficazes da PNL para quebrar crenças limitantes é a técnica da "linha do tempo". Essa ferramenta ajuda você a revisitar eventos passados que criaram essas crenças e, em vez de revivê-los de maneira negativa, você os vê de uma nova perspectiva, reescrevendo a história que sua mente conta sobre si mesmo.

Passo a Passo: Reprogramando Suas Crenças

1. **Identifique a crença limitante.** Para começar, faça uma pausa e pense: *"Qual é a crença limitante que mais impacta minha autoestima?"* Talvez seja uma sensação de não ser digno de amor, ou a ideia de que nunca será capaz de alcançar o sucesso. Seja honesto consigo mesmo e anote essa crença.
2. **Visualize sua linha do tempo.** Agora, imagine que há uma linha do tempo estendida à sua frente, onde o seu passado está atrás de você e o seu futuro está à frente. Ao longo dessa linha, estão marcados os eventos significativos da sua vida.
3. **Volte ao ponto de origem.** Feche os olhos e visualize-se andando ao longo dessa linha do tempo, voltando até o momento em que você acredita que essa crença começou. Talvez tenha sido uma experiência na infância, um comentário feito por alguém, ou até mesmo uma série de pequenos eventos

acumulados ao longo do tempo.

4. **Reveja o evento com uma nova perspectiva.** Quando você chegar a esse ponto, observe o evento como se fosse um espectador. Em vez de reviver o trauma ou o desconforto, veja a situação com empatia e distanciamento. *Imagine que você é uma versão mais sábia de si mesmo, vendo a situação de fora.* O que você diria àquela versão mais jovem de você?
5. **Reescreva a crença.** Agora, pergunte-se: *"O que eu realmente quero acreditar sobre mim mesmo?"* Talvez você queira substituir a crença "Eu nunca serei bom o suficiente" por "Eu sou digno e capaz de alcançar meus objetivos". Ou, ao invés de "Ninguém me ama", você pode reescrever isso como "Eu sou digno de amor e aceitação, exatamente como sou." Visualize essa nova crença sendo gravada na sua mente, substituindo a anterior.
6. **Volte ao presente.** Agora, visualize-se caminhando de volta pela linha do tempo até o presente, trazendo consigo essa nova crença. *Imagine que cada passo que você dá está reforçando essa nova narrativa, e que ela se torna mais forte a cada momento.*

Visualizações de Empoderamento: Criando uma Nova Identidade Fortalecida

Além de reprogramar crenças limitantes, a visualização é uma ferramenta poderosa para criar uma nova identidade mental. *Se você conseguir se ver como uma versão fortalecida de si mesmo, sua mente começará a aceitar isso como verdade.* A PNL nos ensina que o cérebro não distingue muito bem entre a imaginação e a realidade. Portanto, quanto mais você visualizar seu sucesso, mais sua mente irá trabalhar para manifestá-lo na vida real.

Passo a Passo: Visualizando sua Melhor Versão

1. **Defina seu eu ideal.** Comece visualizando a melhor versão de si mesmo. Pergunte-se: *"Como eu seria se minha autoestima estivesse no seu ponto máximo?"* Como você se comportaria?

Como seria sua postura, seu sorriso, sua confiança?

2. **Crie uma cena vívida.** Imagine-se em uma situação que normalmente seria desafiadora para você. Talvez seja uma apresentação no trabalho, um encontro social, ou até mesmo uma conversa difícil. *Visualize-se lidando com essa situação com total confiança e segurança.* Como você fala? Como você se sente? Como os outros reagem a essa nova versão de você?
3. **Intensifique as sensações.** Enquanto você visualiza essa cena, intensifique as emoções positivas que vêm com ela. *Sinta o orgulho, a confiança e o poder fluindo pelo seu corpo.* Imagine-se irradiando essas qualidades e veja como isso transforma a maneira como as pessoas respondem a você.
4. **Repita diariamente.** Faça essa visualização todos os dias, de preferência pela manhã, para definir o tom do seu dia. *Com o tempo, você começará a perceber mudanças sutis na maneira como se vê e como os outros respondem a você.*

Histórias Reais: Superando Crenças Limitantes

Agora, vamos explorar algumas histórias de pessoas que quebraram suas crenças limitantes e reconstruíram suas vidas com uma autoestima fortalecida.

O Caso de Camila

Camila, uma jovem talentosa, sempre acreditou que não tinha nada de especial a oferecer ao mundo. *Essa crença limitante foi plantada por anos de comparações com seus irmãos mais bem-sucedidos.* Ela acreditava que nunca seria capaz de alcançar grandes coisas, e isso a impedia de se arriscar ou buscar novas oportunidades.

Quando Camila começou a usar a técnica da linha do tempo da PNL, ela conseguiu identificar o momento em que essa crença foi criada: uma série de comentários feitos por seus pais sobre as conquistas dos irmãos. *Ela reviu esses momentos e percebeu que seus pais não estavam desvalorizando suas habilidades, mas sim exaltando os pontos fortes dos outros filhos.* Com essa nova perspectiva, Camila reprogramou sua crença para: *"Eu sou única e tenho talentos especiais para oferecer ao mundo."* Com o tempo, ela começou a se abrir para novas oportunidades, conquistando uma carreira bem-sucedida como designer gráfica.

O Caso de Pedro

Pedro sempre teve uma crença limitante de que não era inteligente o suficiente. Durante sua infância, um professor o ridicularizou em frente à classe por não conseguir resolver um problema de matemática, e isso ficou gravado em sua mente. *A partir daquele momento, ele evitou situações em que seu intelecto poderia ser testado, optando por ficar na zona de conforto.*

Usando a visualização de empoderamento, Pedro começou a se imaginar como um palestrante confiante, capaz de explicar conceitos complexos com facilidade. *Ele visualizou-se sendo aplaudido por suas apresentações e se sentindo orgulhoso de suas capacidades intelectuais.* Com o tempo, essa prática o encorajou a retomar os estudos e, hoje, Pedro é um palestrante e educador reconhecido.

Crenças limitantes podem parecer barreiras intransponíveis, mas com as ferramentas certas, você pode derrubá-las e criar novas narrativas sobre quem você é. *A PNL oferece técnicas poderosas, como a linha do tempo e as visualizações de empoderamento, que podem transformar a maneira como você se vê e como age no mundo.*

Lembre-se: *você não é definido pelas crenças que adotou no passado.* A qualquer momento, você pode escolher reescrever essas crenças e começar a viver de acordo com sua verdadeira força e potencial. Ao praticar essas técnicas, você estará não apenas quebrando as correntes da limitação, mas também construindo uma nova identidade fortalecida, baseada na confiança, no amor-próprio e na certeza de que você é capaz de grandes coisas.

O poder de transformação está nas suas mãos.

Capítulo 6: A Força do Autocuidado Físico e Mental

"Cuidar de si mesmo não é egoísmo, é uma necessidade; é o ponto de partida para uma vida mais plena e equilibrada."

Você já se pegou correndo de um compromisso para outro, tentando equilibrar trabalho, família, amigos e responsabilidades? Em meio a essa correria, o mais comum é que o autocuidado seja colocado em segundo plano. Mas aqui está a verdade: negligenciar o autocuidado, tanto físico quanto mental, é como dirigir um carro com o tanque vazio — você pode até ir mais longe do que imagina, mas, eventualmente, vai parar.

Neste capítulo, vamos explorar como pequenas ações diárias podem transformar não só sua saúde física, mas também seu bem-estar emocional. Quando você cuida do seu corpo, ele responde; e quando você cuida da sua mente, ela floresce. Essa conexão entre corpo e mente é poderosa e pode ser o seu maior aliado para elevar sua autoestima e qualidade de vida.

A Conexão Corpo-Mente

Cuidar do corpo não é apenas uma questão estética ou de saúde física; é também uma forma de fortalecer a sua mente. Quando você se compromete a cuidar de si fisicamente — seja com uma caminhada pela manhã, uma refeição nutritiva ou uma boa noite de sono —, está enviando uma mensagem clara para si mesmo: *Eu mereço me sentir bem.*

Essa prática eleva a autoestima de maneiras sutis, mas profundas. Pense naquele momento em que você terminou um treino desafiador ou se sentiu revigorado depois de uma sessão de alongamento. *Esse sentimento de conquista se reflete na forma como você se enxerga no mundo.* Seu corpo e sua mente começam a trabalhar em sincronia, e você passa a se sentir mais confiante, mais calmo e mais preparado para enfrentar os desafios diários.

Agora, imagine o contrário: dias em que você se sente exausto, mal dormiu e fez escolhas alimentares que deixaram você mais pesado ou desconfortável. É nesses dias que a mente tende a se perder em pensamentos negativos, prejudicando não apenas a saúde física, mas também a emocional. *Afinal, o corpo é o templo da mente, e quando um não vai bem, o outro inevitavelmente sofre.*

Criação de Rituais Diários

Rituais diários de autocuidado são como pequenas âncoras em um mar agitado. Eles nos trazem de volta ao presente, nos lembram do que é realmente importante e nos ajudam a recarregar as energias.

Aqui estão algumas sugestões práticas de rituais diários de autocuidado, tanto para o corpo quanto para a mente:

1. **Exercício físico diário**: Não precisa ser algo elaborado; uma caminhada de 20 minutos ao ar livre pode fazer maravilhas. Se você preferir algo mais intenso, tente um treino funcional em casa. O importante é movimentar o corpo e liberar endorfinas, o hormônio da felicidade. *Cada passo que você dá é um passo em direção a um bem-estar maior.*
2. **Alimentação consciente**: Em vez de se focar em dietas restritivas, pense em como você pode nutrir seu corpo de forma gentil. Pergunte a si mesmo: *Essa refeição vai me fazer sentir bem a longo prazo?* Opte por alimentos frescos e ricos em nutrientes, e permita-se momentos de indulgência sem culpa.
3. **Meditação**: Separar cinco a dez minutos do seu dia para meditar pode mudar completamente seu estado mental. A meditação é uma forma de dar uma pausa para a mente, permitindo que ela se recupere do estresse e da correria. *A paz interior vem quando a mente encontra um momento de silêncio.*
4. **Prática da gratidão**: Tire um momento no final do dia para escrever três coisas pelas quais você é grato. Essa simples prática tem o poder de mudar sua perspectiva, fazendo com que você perceba o quanto já tem de positivo na vida. *A gratidão é o combustível que nos impulsiona a ver o lado bom, mesmo nos momentos desafiadores.*

O Desafio de 30 Dias de Autocuidado: Um Caminho Para a Transformação Pessoal

"O autocuidado é um ato de amor próprio, uma forma de lembrar a si mesmo que você é importante."

Agora que você entende a importância do autocuidado e como ele impacta diretamente sua autoestima, chegou a hora de dar o próximo passo: aplicar isso no seu dia a dia. Este desafio de 30 dias foi criado para ajudá-lo a desenvolver uma prática consistente de cuidado com o corpo, a mente e o espírito. Lembre-se, *autocuidado não é sobre perfeição, mas sobre progresso contínuo*. Mesmo pequenos passos podem ter um grande impacto ao longo do tempo.

Semana 1: Cuidando do Corpo

A primeira semana é dedicada ao cuidado do corpo. Quando nos sentimos bem fisicamente, isso afeta diretamente nossa autoestima e saúde mental. O objetivo é *reconectar-se com seu corpo*, honrá-lo e tratá-lo com o respeito que ele merece.

Dia 1: Caminhada ao ar livre (30 minutos)

Caminhar é uma das formas mais simples e eficazes de cuidar do corpo. Uma caminhada de 30 minutos ao ar livre não só estimula a circulação e melhora o humor, mas também nos conecta com a natureza, trazendo uma sensação de paz e clareza mental. *Este é o primeiro passo para reacender a chama do autocuidado.*

Dia 2: Refeição saudável com vegetais

Prepare uma refeição caseira cheia de vegetais frescos e coloridos. Além de fornecer nutrientes essenciais para o corpo, cozinhar algo saudável é um ato de carinho consigo mesmo. Pense nisso como uma forma de nutrir tanto seu corpo quanto sua mente. *Afinal, comer bem é uma das maiores formas de autocuidado.*

Dia 3: Hidratação (2 litros de água)

A hidratação adequada é muitas vezes negligenciada, mas tem um impacto enorme no nosso bem-estar. Hoje, se concentre em beber ao menos 2 litros de água. Cada gole é uma maneira de cuidar de si, uma lembrança de que seu corpo precisa ser alimentado e bem tratado.

Dia 4: Alongamento antes de dormir (10 minutos)

Tire 10 minutos antes de dormir para se alongar. O alongamento alivia tensões acumuladas durante o dia e prepara seu corpo para um sono reparador. O ato de desacelerar intencionalmente é uma forma poderosa de cuidar de si. *Seu corpo merece esse momento de atenção.*

Dia 5: Exercícios funcionais em casa

Faça uma sessão curta de exercícios funcionais. Não precisa ser algo intenso — o importante é movimentar o corpo e fortalecer os músculos. Exercitar-se, mesmo que por 15 ou 20 minutos, é uma maneira de lembrar-se de que *você é forte e capaz.*

Dia 6: Experimente uma nova receita saudável

Explorar novas receitas saudáveis não só nutre o corpo, mas também estimula a criatividade e o prazer. Desafie-se a experimentar algo diferente, talvez um prato que sempre quis tentar. Cozinhar com intenção pode ser uma forma poderosa de autocuidado.

Dia 7: Dia de descanso

Hoje é um dia para descansar. Dormir um pouco mais, assistir a um filme relaxante ou simplesmente se permitir não fazer nada. O descanso é uma parte essencial do autocuidado, então *tire o dia para renovar suas energias.*

Semana 2: Cuidando da Mente

Agora que você passou uma semana focado no corpo, é hora de voltar a atenção para a mente. Muitas vezes, deixamos que nossos pensamentos nos dominem, mas essa semana será dedicada a desacelerar e a nutrir sua saúde mental.

Dia 8: Meditação em silêncio (10 minutos)

Meditar é uma forma simples, mas poderosa de se conectar com o momento presente. Sente-se em um lugar tranquilo, feche os olhos e respire profundamente. Apenas 10 minutos podem fazer uma diferença enorme na sua clareza mental. *Este é um momento para se reconectar consigo mesmo.*

Dia 9: Diário de emoções

Escrever sobre como você se sente pode ser incrivelmente libertador. Pegue um caderno e escreva sobre seu dia, suas emoções e qualquer coisa que esteja em sua mente. *A escrita é uma ferramenta poderosa para compreender e liberar suas emoções.*

Dia 10: Liste três coisas pelas quais você é grato

A prática da gratidão é uma maneira de mudar seu foco para o que há de positivo em sua vida. Escreva três coisas pelas quais você é grato hoje. Não importa quão pequenas sejam, elas importam. *A gratidão transforma a forma como vemos o mundo.*

Dia 11: Respiração profunda (5 minutos)

Dedique cinco minutos para praticar respirações profundas. Sente-se em um lugar tranquilo e inspire profundamente, enchendo seus pulmões de ar, e depois expire lentamente. A respiração profunda reduz o estresse e ajuda a trazer clareza mental. *Respirar conscientemente é um ato de autocuidado.*

Dia 12: Desconecte-se das redes sociais por uma hora

Passar um tempo desconectado pode fazer maravilhas pela sua mente. Hoje, reserve uma hora para ficar longe de redes sociais e dispositivos eletrônicos. Use esse tempo para se reconectar com o que é realmente importante para você. *Desconectar-se às vezes é a melhor forma de se reconectar consigo mesmo.*

Dia 13: Encontre um livro inspirador

Leia algo que inspire sua mente e enriqueça sua alma. Pode ser um livro que já estava em sua lista ou algo novo. Ler é uma maneira de alimentar sua mente com novos pensamentos e perspectivas. *A leitura é um ato de autocuidado mental.*

Dia 14: Faça algo que você ama

Tire um tempo para fazer algo que realmente ama. Pode ser qualquer coisa: desenhar, cozinhar, tocar um instrumento ou até assistir a um filme favorito. Esse tempo dedicado ao prazer pessoal é fundamental para a saúde mental. *Permita-se desfrutar de algo que te faça feliz.*

Semana 3: Integração de Corpo e Mente

Na terceira semana, o foco é integrar corpo e mente, unindo as práticas de autocuidado físico e mental para criar uma abordagem mais completa de bem-estar.

Dia 15: Pratique ioga ou alongamento com foco na respiração

A prática de ioga ou alongamento focado na respiração ajuda a conectar corpo e mente. Cada movimento deve ser sincronizado com sua respiração. Isso traz não apenas flexibilidade física, mas também um senso de paz e clareza mental.

Dia 16: Refeição com atenção plena

Hoje, ao preparar sua refeição saudável, coma com atenção plena. Saboreie cada mordida, perceba os sabores e a textura dos alimentos. A prática da atenção plena durante as refeições ajuda a criar uma relação saudável com a comida e consigo mesmo.

Dia 17: Meditação de 15 minutos e escrita reflexiva

Medite por 15 minutos e, em seguida, escreva sobre o que sentiu. A meditação seguida de reflexão escrita ajuda a aprofundar sua conexão com seu estado emocional e mental.

Dia 18: Caminhada em silêncio, focando na respiração

Faça uma caminhada em silêncio, prestando atenção à sua respiração e ao ambiente ao seu redor. Caminhar conscientemente pode ser uma experiência meditativa, ajudando a unir corpo e mente.

Dia 19: Escreva sobre um objetivo pessoal e visualize-o

Pegue um momento para escrever sobre um objetivo pessoal importante para você. Depois, feche os olhos e visualize-se alcançando esse objetivo. A visualização cria uma conexão mais profunda com suas intenções.

Dia 20: Noite de descanso e filme favorito

Reserve uma noite para descansar e assistir a um filme que você ama. Desconectar-se das responsabilidades por uma noite é essencial para manter um equilíbrio entre corpo e mente.

Dia 21: Liste cinco coisas que você ama em si mesmo

Hoje, faça uma lista de cinco coisas que você ama em si mesmo. Este é um exercício para fortalecer sua autoestima e reconhecer suas qualidades. *Aprender a amar a si mesmo é uma das maiores formas de autocuidado.*

Semana 4: Expansão do Cuidado

Na última semana, o foco é expandir o autocuidado para além de você. O autocuidado também envolve relacionamentos e o impacto positivo que você pode ter nos outros e no mundo ao seu redor.

Dia 22: Faça algo bom por outra pessoa

Hoje, pratique um ato de bondade. Pode ser algo pequeno, como enviar uma mensagem de apoio, ou algo maior, como ajudar alguém com uma tarefa. Quando cuidamos dos outros, também cuidamos de nós mesmos.

Dia 23: Revise suas metas de autocuidado

Olhe para trás e veja o progresso que fez até agora. Revise suas metas de autocuidado e ajuste-as conforme necessário para garantir que elas continuam a atender suas necessidades.

Dia 24: Aprenda algo novo

Aprender algo novo é uma forma de se desafiar e crescer. Escolha algo que sempre quis aprender e dê o primeiro passo hoje.

Dia 25: Reflita sobre o progresso até agora

Tire um tempo para refletir sobre seu progresso no desafio de autocuidado. Escreva sobre o que mudou para você e quais práticas funcionaram melhor. *Essa reflexão é uma forma de celebrar seu crescimento.*

Dia 26: Dia de cuidado pessoal (pele ou cabelo)

Hoje é um dia de cuidados pessoais. Faça uma máscara facial, hidrate o cabelo ou cuide de qualquer outra parte do seu corpo que precise de atenção. Esses pequenos rituais podem fazer você se sentir renovado.

Dia 27: Sessão de exercícios e celebração de conquistas

Faça uma sessão de exercícios e, após concluí-la, celebre suas conquistas até aqui. Você cuidou do seu corpo e da sua mente por quase um mês — é hora de reconhecer isso e se orgulhar.

Dia 28: Envie uma mensagem de carinho

Envie uma mensagem de carinho ou gratidão para alguém importante em sua vida. Reconhecer o impacto positivo dos outros em sua vida é uma forma de autocuidado emocional.

Dia 29: Passe um tempo ao ar livre

Saia e aproveite a natureza. Seja uma caminhada no parque ou apenas sentar-se ao ar livre por alguns minutos, conectar-se com o mundo natural é uma maneira poderosa de se reconectar consigo mesmo.

Dia 30: Reflita sobre os últimos 30 dias e faça um plano para continuar

Você completou o desafio! Hoje, tire um tempo para refletir sobre tudo o que aprendeu e conquistou nas últimas quatro semanas. O que mudou em sua rotina de autocuidado? Como você pode continuar incorporando essas práticas em sua vida? Faça um plano para manter o progresso.

O Poder da Lua e o Autocuidado

Você sabia que muitos dos nossos ritmos biológicos são influenciados pelos ciclos da lua? Durante séculos, as pessoas seguiram esses ciclos para ajustar suas rotinas de autocuidado. Em períodos de lua nova, por exemplo, as energias estão mais introspectivas, tornando-se um momento ideal para cuidar da mente e estabelecer novos hábitos. Já durante a lua cheia, nossa vitalidade física tende a aumentar, fazendo desse um bom período para intensificar as atividades físicas. *Observar os ciclos da lua pode ser um complemento poderoso ao seu autocuidado.*

O autocuidado é mais do que um luxo; é uma necessidade. Ao cuidar do seu corpo e da sua mente de forma consciente, você está investindo em si mesmo de maneiras que vão muito além do físico. Lembre-se: *cada pequeno gesto conta*, e o progresso é mais importante que a perfeição.

Aceite o desafio, implemente essas práticas e perceba como, dia após dia, você se sentirá mais forte, mais equilibrado e mais confiante para enfrentar o que vier.

Capítulo 7: A Ciência da Determinação e do Progresso Constante

"A determinação é o combustível da mudança, e o progresso constante é o caminho para transformações duradouras."

Quantas vezes você já começou algo com grande entusiasmo, mas, com o tempo, viu sua energia diminuir até parar completamente? Isso é comum, e a diferença entre aqueles que conseguem realizar seus objetivos e aqueles que ficam pelo caminho não é apenas uma questão de força de vontade. O segredo está na ciência da determinação e no poder do progresso constante.

Neste capítulo, vamos mergulhar em como o cérebro humano funciona quando estamos determinados a alcançar algo, explorar como a neuroplasticidade facilita essa mudança e como podemos construir resiliência para manter a motivação, mesmo diante dos desafios mais difíceis.

A Neurociência da Determinação: Moldando Seu Cérebro Para o Sucesso

"O cérebro é como um músculo. Quanto mais o usamos em direção a algo, mais forte ele se torna."

A ciência tem mostrado que a determinação não é apenas uma questão de mentalidade; é uma função neurológica. O que isso significa? Significa que, quando você se compromete com um objetivo, você literalmente altera o seu cérebro. Isso acontece através da neuroplasticidade, que é a capacidade do cérebro de se reorganizar formando novas conexões neurais.

Quando você estabelece um novo hábito ou trabalha em direção a um objetivo, você está criando novas vias neurais. Inicialmente, isso pode parecer difícil — como aprender a andar de bicicleta ou tocar um instrumento —, mas com repetição, o caminho no cérebro se fortalece, e a ação se torna mais fácil e natural. *É por isso que o progresso constante é tão importante; a cada passo que você dá, está solidificando novas conexões no cérebro.*

A Importância do Foco e da Persistência

A neurociência também nos ensina que a *falta de foco* é um dos principais sabotadores da determinação. Quando você tenta fazer muitas coisas ao mesmo tempo ou mudar múltiplos hábitos de uma só vez, você sobrecarrega o cérebro, dificultando a criação dessas novas conexões. Focar em *um* objetivo ou hábito de cada vez e manter a persistência é fundamental para alcançar o progresso.

Uma curiosidade interessante sobre o cérebro é que ele possui algo chamado de *sistema de recompensa*. Quando você realiza algo que se propôs a fazer, seu cérebro libera dopamina, o "hormônio do prazer", que te faz sentir bem. Esse ciclo de recompensa é o que mantém você motivado a seguir em frente. Mas, se você não estiver focado ou se tentar fazer muitas coisas ao mesmo tempo, esse ciclo se quebra e a sensação de prazer e progresso desaparece, minando sua determinação.

Exercício Prático: Aumentando a Conexão Neural

Para aumentar suas chances de sucesso em qualquer objetivo, faça o seguinte exercício simples:

1. **Escolha um objetivo específico** (ex.: "Quero correr 3 vezes por semana").
2. **Visualize-se alcançando esse objetivo.** Todos os dias, por 2 minutos, feche os olhos e imagine-se completando seu objetivo com sucesso.
3. **Divida-o em pequenas ações.** Comece com algo pequeno e fácil de fazer (ex.: "Vou correr 5 minutos hoje").
4. **Celebre cada pequeno progresso.** Isso liberará dopamina e te incentivará a continuar.

Quanto mais você repetir esse processo, mais fortes serão as conexões neurais e mais natural a ação se tornará.

Como Construir Resiliência: Técnicas Práticas de PNL

A vida nem sempre segue o plano. Haverá dias em que você não estará motivado, em que os obstáculos parecerão maiores do que sua capacidade de superá-los. É aqui que entra a resiliência — *a capacidade de continuar, mesmo quando as coisas ficam difíceis*.

Programação Neurolinguística (PNL) é uma ferramenta poderosa para ajudar a construir essa resiliência. A PNL trabalha diretamente com suas percepções e crenças internas, moldando como você reage às situações. Vamos explorar algumas técnicas que você pode usar para fortalecer sua determinação e manter a motivação, mesmo nos momentos mais difíceis.

Técnica 1: Reenquadramento

"Não são as situações que definem você, mas como você reage a elas."

O reenquadramento é uma técnica da PNL que ajuda a mudar a forma como você vê um problema ou desafio. Quando você enfrenta um obstáculo, a maneira como o percebe pode determinar se você vai superá-lo ou desistir. O reenquadramento consiste em olhar para a situação de outra perspectiva, vendo-a de uma forma que permita um aprendizado ou uma nova oportunidade.

Exemplo prático: Se você se sentir frustrado por não estar progredindo tão rápido quanto gostaria em um projeto, em vez de se culpar ou desanimar, *reenquadre* o pensamento. Diga a si mesmo: "Cada passo que estou dando, por menor que seja, está me levando para mais perto do meu objetivo." Assim, você transforma um pensamento negativo em um reforço positivo.

Técnica 2: Ancoragem Positiva

A ancoragem é uma técnica muito usada na PNL para acessar estados emocionais desejados de forma rápida. Quando você está desmotivado ou enfrentando um obstáculo, pode usar essa técnica para "ancorar" emoções positivas e força de vontade.

Exemplo prático:

1. **Pense em um momento em que se sentiu extremamente**

determinado e motivado.

2. **Ao reviver essa memória, aperte um dos seus punhos com força ou faça um gesto específico**, como pressionar o polegar contra o indicador. Isso cria uma associação entre o gesto e o sentimento de determinação.
3. **Toda vez que precisar de um impulso de motivação**, repita o gesto. Seu cérebro vai lembrar da emoção associada e você sentirá um aumento de energia e foco.

Essa técnica é incrivelmente útil quando você se sentir desanimado ou com vontade de desistir. *Ao associar uma emoção positiva a um gesto físico, você ativa esse estado emocional quando mais precisa.*

Técnica 3: Modelagem de Comportamento

Na PNL, a modelagem é a prática de identificar e imitar os comportamentos, estratégias e atitudes de pessoas que obtêm sucesso. Se há alguém que você admira pela determinação e resiliência, *observe como essa pessoa age* e tente incorporar essas ações em sua própria vida.

Exemplo prático: Digamos que você admire um atleta pela sua capacidade de treinar, mesmo em dias difíceis. Pergunte-se: *"O que essa pessoa faria na minha situação?"* Imitar as estratégias de sucesso dos outros pode ajudar a criar uma mentalidade mais resiliente em você mesmo.

Exemplos Inspiradores de Determinação e Progresso

"As histórias de superação são lembretes de que a determinação é uma habilidade que podemos desenvolver e fortalecer."

Agora que você entende os fundamentos científicos e as técnicas práticas para construir determinação, vamos nos inspirar em histórias reais de pessoas que, através da resiliência, mudaram suas vidas.

História 1: O Maratonista Que Nunca Desistiu

Imagine treinar por meses para uma maratona, e no grande dia, ao alcançar a metade do percurso, sentir uma dor aguda que te faz querer parar. Foi isso que aconteceu com o atleta Derek Redmond nas

Olimpíadas de 1992. Durante uma das corridas mais importantes de sua vida, ele sofreu uma lesão grave no tendão. Qualquer outra pessoa teria desistido ali, mas *não Derek.*

Ele se recusou a parar. Mesmo mancando, continuou. Seu pai pulou da arquibancada, o ajudou a se levantar, e juntos, terminaram a corrida. O que essa história nos ensina? *A determinação não é sobre nunca cair, mas sobre sempre se levantar.*

História 2: A Empreendedora Que Superou o Fracasso

Sara Blakely, a fundadora da marca de lingerie Spanx, começou com uma ideia simples: criar roupas íntimas confortáveis para mulheres. Ela enfrentou várias rejeições de investidores, mas nunca desistiu. Mesmo com inúmeras portas fechadas, continuou ajustando sua ideia e persistindo. Hoje, Blakely é uma bilionária e sua empresa é um símbolo de sucesso. Ela atribui seu sucesso à sua resiliência em não aceitar "não" como resposta. *Sua história mostra que a determinação e a perseverança podem superar qualquer obstáculo.*

História 3: A Resiliência na Vida Cotidiana

Nem todas as histórias de determinação vêm de atletas ou empreendedores de sucesso. Considere a mãe solteira que trabalha dois empregos para sustentar seus filhos. Todos os dias, ela enfrenta desafios financeiros, cansaço físico e emocional, mas se recusa a desistir. Ela sabe que, apesar das dificuldades, está fazendo progresso — dia após dia, está construindo um futuro melhor para sua família. *Essa história nos lembra que a determinação está presente em cada ato de coragem no cotidiano.*

O Poder da Determinação e do Progresso Constante

A ciência nos mostra que a determinação não é uma qualidade inata — é uma habilidade que podemos desenvolver e fortalecer com o tempo. Através da neuroplasticidade, o cérebro tem a capacidade de se adaptar e mudar, tornando o progresso constante uma ferramenta poderosa para qualquer transformação pessoal.

As técnicas de PNL, como o reenquadramento, a ancoragem positiva e a modelagem de comportamento, são ferramentas práticas que você pode usar para construir resiliência e manter a motivação, mesmo nos momentos mais difíceis. *Lembre-se: cada pequeno progresso conta, e cada passo te aproxima mais dos seus sonhos.*

Então, a partir de agora, *não deixe que os obstáculos te parem.* Fortaleça sua mente, trabalhe em direção aos seus objetivos, e confie no poder da determinação. Com o tempo, você verá que o progresso constante é o caminho para uma vida de sucesso e realização.

Capítulo 8: Fé e Espiritualidade como Alicerces da Autoestima

"A fé não é apenas acreditar no invisível; é a base sobre a qual construímos o nosso próprio valor."

Ao longo da vida, a maneira como vemos a nós mesmos é constantemente moldada por experiências, relacionamentos e desafios. No entanto, um elemento muitas vezes subestimado na construção da autoestima é a **fé**. Seja uma fé espiritual, ancorada em uma crença maior, ou uma fé pessoal, baseada na confiança em nós mesmos, ela pode servir como uma fundação poderosa para nos fortalecermos emocionalmente e espiritualmente.

Imagine a fé como uma raiz profunda de uma árvore. Quando os ventos das adversidades sopram, é essa raiz que mantém a árvore firme e inabalável. De forma semelhante, a fé — seja em um poder superior ou em suas próprias habilidades — pode te manter forte, mesmo quando as circunstâncias parecem desafiadoras.

Fé como Fonte de Fortalecimento Emocional

Quando falamos de autoestima, muitas vezes pensamos em autoconfiança, orgulho de nossas conquistas e amor-próprio. Mas, por trás de tudo isso, a fé pode ser uma força silenciosa que nos impulsiona a seguir em frente, mesmo quando nossas próprias forças parecem estar esgotadas. *A fé nos dá a capacidade de ver além do que é visível, nos conectando com algo maior do que nós mesmos.*

Para muitas pessoas, a fé em uma força superior fornece conforto em tempos difíceis. *Quando acreditamos que há um propósito maior para nossas lutas, elas se tornam mais fáceis de suportar.* A fé age como uma âncora emocional, nos lembrando que não estamos sozinhos, e que cada experiência pode nos ensinar algo valioso.

A curiosidade interessante aqui é que *estudos psicológicos demonstram que a fé, independentemente da religião ou crença específica, pode reduzir níveis de estresse e aumentar a resiliência emocional.* Isso ocorre porque a fé nos conecta a algo que vai além de nós, seja a ideia de um Deus, de um universo que conspira a nosso favor, ou da própria confiança na nossa capacidade de superação.

A prática: Reforçando a fé no dia a dia

Aqui estão algumas práticas simples que podem ajudar você a fortalecer sua fé pessoal ou espiritual:

1. **Afirmar o que você acredita:** Tire alguns minutos por dia para refletir sobre o que você acredita profundamente, seja em termos espirituais ou em suas próprias capacidades. Escreva essas crenças em um diário ou declare-as em voz alta.
2. **Reconhecer pequenos milagres:** Comece a perceber as pequenas coisas que dão certo no seu dia a dia. Pode ser uma oportunidade inesperada, uma solução para um problema ou até mesmo um simples sorriso. Isso ajuda a fortalecer a ideia de que há algo positivo trabalhando a seu favor.
3. **Buscar inspiração em histórias:** Ler sobre pessoas que superaram grandes adversidades através de sua fé pode ser extremamente motivador. Exemplos de líderes espirituais, atletas ou figuras históricas podem reforçar a crença de que você também pode enfrentar seus desafios com confiança.

Rituais Espirituais para o Autoconhecimento

Rituais espirituais são mais do que tradições ou dogmas; eles podem ser ferramentas poderosas para o **autoconhecimento.** *Quando dedicamos tempo a práticas como meditação, oração ou journaling espiritual, nos abrimos para uma dimensão mais profunda de nós mesmos.* Essas práticas permitem que escutemos a nossa intuição, enfrentemos nossos medos internos e fortaleçamos nosso relacionamento com algo além de nosso próprio ego.

Por exemplo, a meditação nos ensina a estar presentes e a silenciar o ruído mental, enquanto a oração pode ser uma forma de conectar-se com uma força maior, pedindo orientação e clareza. O journaling espiritual, por outro lado, permite que você organize seus pensamentos, emoções e crenças em uma narrativa que faça sentido para você.

Assim como você faria uma pausa para cuidar do seu corpo, cuidar do espírito é fundamental para fortalecer a autoestima. Os rituais espirituais proporcionam um espaço seguro para refletir sobre quem você é, o que você deseja, e como você pode continuar crescendo.

A prática: Incorporando rituais espirituais na rotina

Aqui estão algumas sugestões para integrar esses rituais à sua vida diária:

1. **Meditação diária (5-10 minutos):** Acalme a mente e concentre-se na sua respiração. Isso ajuda a cultivar uma sensação de paz interior e autocompreensão.
2. **Oração ou afirmações:** Independentemente de sua crença religiosa, tirar alguns minutos para falar sobre suas intenções e pedir orientação pode trazer clareza e propósito.
3. **Journaling espiritual:** Pegue um caderno e escreva sobre suas experiências diárias, seus desafios e suas vitórias. Pergunte a si mesmo: "Como isso contribui para minha jornada espiritual e pessoal?" Esse hábito permite uma conexão mais profunda com seu verdadeiro eu.

Reflexões Profundas: Explorando como a Fé Transforma a Percepção de Si Mesmo

Assim como um espelho reflete nossa aparência exterior, a fé reflete a nossa essência interior. Quando confiamos em algo maior, começamos a nos ver de uma forma diferente, menos crítica e mais compassiva. Muitas vezes, a falta de autoestima vem da nossa própria incapacidade de nos ver como realmente somos — seres de valor, com potencial e dignidade. A fé pode servir como um guia para essa nova visão de nós mesmos.

Há perguntas que podem ser feitas durante este processo de autoconhecimento, e essas reflexões profundas ajudam a perceber como a fé pode transformar nossa percepção:

1. **O que eu acredito sobre mim mesmo?** Pergunte a si mesmo quais são as crenças que você tem sobre sua própria identidade. Elas são realmente suas, ou foram impostas por outras pessoas?
2. **De que maneiras a minha fé me dá força?** Se você já passou por um momento difícil e encontrou consolo na fé, pergunte-se: "Como posso aplicar essa mesma confiança em outras áreas da minha vida?"
3. **Como posso me perdoar?** A fé muitas vezes nos ensina sobre o perdão, mas não apenas em relação aos outros — também em relação a nós mesmos. Reflita sobre os momentos em que você foi severo consigo mesmo e pense em como a fé pode te ajudar a oferecer mais gentileza e compaixão à sua própria jornada.

A prática: Perguntas para guiar suas reflexões

- "Quais são as crenças que eu mantenho sobre mim mesmo que estão me impedindo de crescer?"
- "De que maneiras posso confiar mais em mim mesmo e no que acredito?"
- "Como posso usar minha fé para superar o medo e a dúvida?"

Explorar essas perguntas pode ser transformador. *Elas ajudam a iluminar as áreas de sua vida onde a autoestima está vacilante e oferecem um caminho claro para a cura e o crescimento.*

A Fé como a Estrutura que Sustenta a Autoestima

No final das contas, a fé é como o fundamento de uma casa. *Ela dá suporte, estabilidade e resistência.* Sem um fundamento sólido, qualquer estrutura, por mais bem construída que seja, eventualmente vai se desintegrar. O mesmo vale para a autoestima. Você pode trabalhar na confiança, no autoconhecimento e no autocuidado, mas sem a fé — seja ela espiritual ou pessoal —, esses esforços podem não ter uma base sólida para se sustentar ao longo do tempo.

Incorporar a fé em sua jornada de autoestima é abrir uma porta para a paz interior, para o reconhecimento de que você é digno de amor e respeito, e para o entendimento de que, independentemente das circunstâncias, há algo maior dentro de você.

Capítulo 9: A Importância dos Hábitos Positivos e da Autorresponsabilidade

"Somos o que repetidamente fazemos. Se queremos transformar nossa vida, precisamos começar pelos hábitos que sustentam nossa essência."

Você já parou para pensar que muito do que você faz no dia a dia acontece quase no automático? Desde o momento em que você se levanta até o final do dia, grande parte de suas ações são fruto de hábitos que você construiu ao longo do tempo. *Esses hábitos, por mais pequenos que pareçam, moldam profundamente a maneira como você vê a si mesmo e o mundo ao seu redor.*

Se a sua autoestima está em jogo, é provável que seus hábitos estejam desempenhando um papel maior do que você imagina. A boa notícia é que **é possível reprogramar esses hábitos** e criar rotinas que sustentem uma autoestima saudável e consistente. E tudo isso começa com **autorresponsabilidade** — a capacidade de assumir controle e responsabilidade pelas suas escolhas e ações.

Formando Novos Hábitos para Sustentar a Autoestima

A autoestima não é algo que simplesmente "aparece" na sua vida. Ela é construída, passo a passo, dia após dia. *Cada pequena escolha que fazemos, cada hábito que repetimos, tem o poder de fortalecer ou enfraquecer a nossa autopercepção.*

Pense em hábitos como tijolos. Um tijolo sozinho pode não fazer muita diferença, mas à medida que você vai empilhando um sobre o outro, eles constroem algo muito maior: uma parede sólida, uma estrutura forte. Os hábitos diários são como esses tijolos na construção da sua autoestima. Se os hábitos são positivos, eles irão construir uma base sólida. Se forem negativos, essa parede ficará frágil e, em algum momento, pode desmoronar.

Aqui está uma curiosidade interessante: *Pesquisas mostram que cerca de 40% de nossas ações diárias são baseadas em hábitos, não em decisões conscientes.* Isso significa que quase metade do que fazemos é "automático". Imagine o impacto de transformar esses 40% em algo que trabalha a favor da sua autoestima e bem-estar.

A prática: Como começar a moldar hábitos que sustentam sua autoestima

Aqui estão três passos simples para começar a formar hábitos que realmente suportam uma autoestima forte e saudável:

1. **Identifique seus hábitos atuais:** Antes de criar novos hábitos, você precisa ter clareza sobre os atuais. Quais são as pequenas ações que você repete todos os dias que não estão ajudando você a se sentir bem consigo mesmo? Faça uma lista honesta.
2. **Substitua, não elimine:** Ao invés de tentar eliminar um hábito ruim de uma vez só (o que raramente funciona), substitua-o por algo positivo. Por exemplo, se você costuma se criticar ao se olhar no espelho, faça o esforço consciente de se elogiar por algo — mesmo que pequeno.
3. **Comece pequeno e seja consistente:** Um hábito é formado pela repetição. Não adianta tentar mudar tudo de uma vez. Escolha um pequeno hábito positivo, como beber mais água ou fazer uma pausa de 5 minutos para respirar profundamente, e foque em praticá-lo todos os dias. *A consistência é mais importante que a intensidade.*

PNL e Hábitos: Como Usar Âncoras e Condicionamento para Reforçar Novos Comportamentos

A Programação Neurolinguística (PNL) é uma ferramenta poderosa quando se trata de criar novos hábitos e reforçar comportamentos que fortalecem a autoestima. Um dos princípios mais conhecidos da PNL é o uso de **âncoras** — sinais ou estímulos específicos que evocam uma resposta emocional desejada.

Pense nas âncoras como gatilhos emocionais positivos. Assim como uma música pode te transportar instantaneamente para um momento específico da sua vida, uma âncora pode te ajudar a acessar sentimentos e comportamentos desejados. Por exemplo, você pode criar uma âncora para se sentir confiante sempre que enfrentar uma situação desafiadora.

Aqui está um exemplo prático: Imagine que toda vez que você se senta para trabalhar, você se sente sobrecarregado e ansioso. Usando a PNL, você pode criar uma âncora para mudar essa resposta emocional. Pode ser um gesto simples, como tocar seu pulso enquanto pensa em um momento em que você se sentiu completamente seguro e confiante. Com a prática, esse gesto se tornará uma âncora para essa emoção positiva, e você poderá acessá-la sempre que precisar.

A prática: Criando uma âncora positiva para impulsionar sua autoestima

Aqui está um guia simples para criar sua própria âncora emocional positiva:

1. **Escolha uma emoção que deseja acessar:** Pode ser confiança, paz, coragem ou qualquer outra emoção que você sinta que ajudaria na sua autoestima.
2. **Lembre-se de um momento em que você sentiu essa emoção:** Feche os olhos e visualize esse momento em detalhes. Como você se sentiu? O que estava ao seu redor? Quanto mais vívida for a imagem, melhor.
3. **Associe um gesto ou toque a esse sentimento:** Enquanto se lembra dessa emoção positiva, faça um gesto simples — como pressionar o polegar contra o indicador ou tocar levemente seu pulso. Repita esse processo algumas vezes.
4. **Pratique regularmente:** Sempre que sentir que precisa acessar essa emoção, faça o gesto que você associou. Com o tempo, seu cérebro começará a associar o gesto ao sentimento desejado, reforçando a autoestima sempre que precisar.

Ferramentas Práticas: Criando uma Rotina que Impulsione a Autoestima e o Autocuidado a Longo Prazo

A construção de uma autoestima sólida exige **consistência**. Isso significa que os hábitos que você forma precisam ser sustentáveis e encaixar na sua rotina de forma natural. Um dos maiores obstáculos na formação de novos hábitos é tentar fazer mudanças drásticas de uma só vez. *Mas a verdadeira transformação acontece através de pequenas ações diárias.*

Quando pensamos em autocuidado, muitas vezes imaginamos atividades esporádicas como ir ao spa ou tirar um dia de folga. Embora essas coisas sejam boas, o verdadeiro autocuidado está na construção de hábitos diários que te ajudam a manter sua saúde mental, emocional e física em equilíbrio.

A prática: Um guia passo a passo para criar uma rotina que fortaleça sua autoestima

Aqui estão algumas ferramentas práticas para começar a construir uma rotina que realmente faça diferença na sua autoestima:

1. **Crie um ritual matinal de autocuidado:** O que você faz nos primeiros 30 minutos do dia define o tom para o restante. Inclua atividades que te façam sentir bem, como alongamentos, meditação ou leitura de afirmações positivas. *Começar o dia com o pé direito é fundamental para manter a autoestima ao longo das horas.*
2. **Reserve tempo para reflexão pessoal:** Tire 10 minutos no final do dia para refletir sobre suas conquistas, por menores que sejam. Anote três coisas que você fez bem e uma área onde você gostaria de melhorar, sem se julgar. Isso ajuda a cultivar uma mentalidade de crescimento, essencial para a autoestima.
3. **Cuide do seu corpo:** A autoestima está diretamente conectada ao bem-estar físico. Movimente-se, alimente-se bem e cuide do sono. Pequenas ações, como beber água regularmente e fazer pequenas pausas para respirar profundamente, podem ter um grande impacto no seu estado mental e emocional.

4. **Faça da gratidão um hábito:** Pratique a gratidão diariamente. Anote três coisas pelas quais você é grato todos os dias. Isso ajuda a mudar o foco das preocupações e críticas para o que há de positivo na sua vida.

A Autorresponsabilidade: O Pilar da Mudança

Um dos maiores desafios na jornada da autoestima é assumir total responsabilidade por nossas escolhas e ações. Muitas vezes, é mais fácil culpar as circunstâncias, outras pessoas ou até mesmo nosso passado pelos desafios que enfrentamos. No entanto, *a verdadeira transformação só ocorre quando aceitamos que somos os responsáveis pela nossa própria vida.*

A autorresponsabilidade não significa se culpar ou carregar o peso do mundo nas costas. Pelo contrário, é uma libertação. *Quando você se responsabiliza por sua vida, você também se dá o poder de mudá-la.* Isso significa reconhecer que, embora não possamos controlar tudo o que acontece conosco, sempre podemos escolher como reagir e o que fazer a seguir.

A prática: Como começar a assumir a autorresponsabilidade na sua vida

Aqui estão três passos práticos para desenvolver a autorresponsabilidade:

1. **Pare de culpar os outros:** Sempre que sentir que está culpando alguém ou algo pelas suas circunstâncias, faça uma pausa. Pergunte-se: "O que posso fazer para melhorar essa situação?"
2. **Assuma suas falhas com compaixão:** Aceitar seus erros é parte do crescimento. Quando algo não sair como planejado, reconheça onde você poderia ter feito diferente, mas evite a autocrítica destrutiva.
3. **Pratique a decisão consciente:** Sempre que tomar uma decisão, pergunte a si mesmo: "Isso está alinhado com a pessoa que eu quero ser?" Quanto mais consciente você for sobre suas

escolhas, mais elas irão refletir o seu verdadeiro eu.

Capítulo 10: Mantendo a Autoestima em Alta nas Relações Pessoais

"A maneira como você se vê afeta diretamente a forma como você permite que os outros o tratem."

As relações pessoais são parte essencial de nossas vidas — são elas que nos proporcionam amor, apoio e conexão. No entanto, também são elas que podem, muitas vezes, nos colocar à prova. *A maneira como você se valoriza define os limites que estabelece nas suas relações* e determina a qualidade dessas interações.

Uma autoestima saudável não só contribui para relações mais equilibradas, como também **protege** você de cair em armadilhas emocionais, como a necessidade constante de validação externa. Saber manter sua autoestima intacta, mesmo quando desafiado por interações difíceis, é um dos pilares de uma vida emocionalmente equilibrada.

Como a Autoestima Afeta suas Relações

Você já reparou como pessoas com boa autoestima tendem a se comunicar com mais clareza, estabelecem limites de forma saudável e, geralmente, não sentem a necessidade de buscar aprovação constante? Isso acontece porque *uma autoestima sólida cria uma base interna de segurança*, permitindo que você navegue por suas relações com mais confiança.

Por outro lado, quando a autoestima está baixa, nossas relações podem se tornar um campo minado. Nos tornamos mais suscetíveis a permitir comportamentos prejudiciais, aceitar menos do que merecemos e buscar validação externa para nos sentirmos bem. *Em outras palavras, a maneira como você se sente consigo mesmo afeta diretamente o tipo de relação que você atrai e mantém.*

Aqui está uma curiosidade interessante: *Estudos mostram que pessoas com baixa autoestima são mais propensas a ter relacionamentos insatisfatórios e desiguais*, pois tendem a aceitar comportamentos que pessoas com autoestima elevada jamais tolerariam. Isso ocorre porque, quando nos sentimos inseguros sobre nosso próprio valor, é comum tolerar situações que reforçam essa visão distorcida.

A prática: Reflita sobre suas relações atuais

Aqui estão algumas perguntas que você pode fazer para entender como sua autoestima está impactando suas relações pessoais:

1. **Eu me sinto respeitado e valorizado nas minhas relações?** Se a resposta for "não", vale a pena refletir se você tem permitido comportamentos que ferem seu amor-próprio.
2. **Eu consigo dizer "não" quando necessário?** Se você tende a ceder às necessidades dos outros em detrimento das suas, isso pode ser um sinal de baixa autoestima.
3. **Eu busco constantemente a aprovação dos outros?** Se você sente que precisa de validação externa para se sentir bem consigo mesmo, isso pode indicar que sua autoestima está dependente das opiniões alheias.

Limites Saudáveis: Técnicas de Assertividade e Comunicação Eficaz

Estabelecer **limites saudáveis** é uma das maneiras mais eficazes de proteger sua autoestima em ambientes desafiadores. Limites não são barreiras para afastar as pessoas, mas sim linhas invisíveis que definem até onde os outros podem ir sem invadir seu espaço emocional, físico ou mental. *Quando você estabelece limites claros, está enviando uma mensagem ao mundo sobre o que é aceitável e o que não é.*

A falta de limites pode levar ao esgotamento emocional, ressentimento e até mesmo a sentimentos de inferioridade, porque, no fundo, você sente que não está se respeitando o suficiente.

Uma das melhores ferramentas para estabelecer limites é a **assertividade.** Ser assertivo significa expressar suas necessidades e sentimentos de forma clara e direta, sem agressividade ou passividade. *É* *encontrar o equilíbrio entre respeitar os outros e, ao mesmo tempo, respeitar a si mesmo.*

A prática: Técnicas para estabelecer limites com assertividade

Estabelecer limites saudáveis é uma habilidade essencial para proteger sua autoestima, e a assertividade é a chave para fazê-lo de maneira eficaz. A assertividade permite que você expresse suas necessidades e sentimentos de forma clara e direta, sem ser agressivo ou passivo. Vamos explorar mais a fundo cada uma dessas técnicas, para que você possa aplicá-las com confiança e clareza no seu dia a dia.

1. Use a técnica do "eu" ao invés do "você"

Essa técnica é uma das mais eficazes para evitar o confronto e construir diálogos mais construtivos. Quando você usa sentenças que começam com "eu", você se responsabiliza por seus sentimentos e evita a culpa direta ao outro, o que pode desarmar o conflito e tornar a comunicação mais empática.

Por exemplo, quando dizemos "Você nunca me escuta", a outra pessoa pode se sentir atacada e responder de forma defensiva. No entanto, ao reformular essa frase para "Eu me sinto ignorado quando minhas opiniões não são levadas em consideração", você expressa seus sentimentos sem culpar diretamente, abrindo espaço para um diálogo mais produtivo.

Essa abordagem não é apenas uma técnica de comunicação eficaz, mas também um ato de autocuidado, pois protege sua energia emocional de ser drenada em discussões desnecessárias.

Como aplicar:

- **Situação**: Seu colega de trabalho constantemente interrompe suas ideias em reuniões.
- **Frase com "você"**: "Você sempre me interrompe, nunca me deixa falar!"
- **Frase com "eu"**: "Eu me sinto desrespeitado quando sou interrompido enquanto falo. Poderia me deixar terminar

minha ideia antes de responder?"

Ao utilizar essa técnica, você passa a se concentrar na sua experiência, ao invés de atacar o outro, o que aumenta as chances de o diálogo ser mais respeitoso.

2. Seja claro e direto

Muitas vezes, ao tentar estabelecer limites, caímos na armadilha de usar expressões vagas ou hesitantes, o que pode fazer com que nossa mensagem perca força. Quando você é claro e direto, suas palavras ganham peso, deixando menos margem para interpretações erradas. *Ser direto não é ser rude, é ser honesto e transparente com seus limites.*

Por exemplo, em vez de dizer "Eu acho que talvez não consiga ajudar com esse projeto", seja direto: "Eu não posso assumir essa responsabilidade agora". *Quando você é claro desde o início, cria menos expectativas e previne possíveis frustrações futuras.*

Como aplicar:

- **Situação**: Um amigo pede que você faça um favor que você realmente não tem tempo ou energia para realizar.
- **Frase vaga**: "Eu vou ver se consigo fazer isso, mas não prometo nada."
- **Frase direta**: "Eu não posso te ajudar com isso agora."

Ser claro economiza tempo e evita mal-entendidos. Você se sentirá mais confiante ao expressar suas necessidades sem se sentir culpado por não agradar.

3. Pratique dizer "não"

Dizer "não" é um dos maiores desafios quando se trata de estabelecer limites, especialmente para quem tem medo de decepcionar ou desagradar os outros. No entanto, *aprender a dizer "não" é um ato de autocuidado e respeito próprio*. Cada vez que você diz "sim" para algo que vai contra seus limites, você está priorizando os desejos dos outros em detrimento dos seus.

Muitas vezes, a dificuldade de dizer "não" vem do medo de rejeição ou de causar conflitos. No entanto, é importante lembrar que *dizer "não" é uma ferramenta essencial para preservar sua energia emocional, mental e física.*

Como aplicar:

- **Situação**: Um colega pede para você assumir uma tarefa extra no trabalho, mas você já está sobrecarregado.
- **Frase com hesitação**: "Talvez eu consiga, mas não tenho certeza."
- **Frase com assertividade**: "Não posso pegar essa tarefa agora, tenho outras responsabilidades que já ocupam meu tempo."

Você pode começar a praticar o "não" em pequenas situações cotidianas, como quando um amigo pede um favor que você não tem tempo ou vontade de fazer. Com o tempo, você verá que *dizer "não" é uma maneira saudável de proteger seu espaço pessoal*, e as pessoas começarão a respeitar seus limites sem ressentimentos.

4. Use o silêncio a seu favor

Nem todas as situações exigem uma resposta imediata, especialmente quando você está lidando com algo emocionalmente desafiador. *O silêncio pode ser uma ferramenta poderosa para processar suas emoções antes de reagir*. Isso é especialmente útil em situações onde você se sente pressionado ou sobrecarregado, e precisa de tempo para refletir sobre sua resposta.

Por exemplo, se alguém cruza seus limites e você se sente desconfortável, ao invés de reagir impulsivamente, você pode simplesmente dizer: "Eu preciso de um tempo para pensar sobre isso." *Dar a si mesmo esse espaço para refletir é um ato de autocuidado, que te permite responder de forma mais assertiva e menos reativa.*

Como aplicar:

- **Situação**: Um familiar te pressiona a tomar uma decisão importante rapidamente.
- **Resposta reativa**: "Eu realmente não sei, pare de me pressionar!"
- **Uso do silêncio**: "Preciso de um tempo para pensar sobre isso antes de dar uma resposta."

O silêncio, quando bem utilizado, pode mostrar à outra pessoa que você está levando a situação a sério e não tomará decisões precipitadas. Isso também *dá a você controle sobre a situação, em vez de permitir que as emoções tomem conta.*

Aprofundando na Assertividade

É importante lembrar que a assertividade não é apenas uma técnica de comunicação, mas sim uma maneira de viver com mais autenticidade e respeito por si mesmo. Ela envolve a prática contínua de se valorizar e comunicar suas necessidades sem medo ou culpa.

Para muitas pessoas, ser assertivo pode ser desafiador no início, especialmente se você cresceu em ambientes onde suas necessidades foram ignoradas ou reprimidas. No entanto, com prática e tempo, você perceberá que ser assertivo não só fortalece sua autoestima, mas também melhora a qualidade de suas relações.

Aqui estão algumas maneiras de continuar a desenvolver sua assertividade:

- **Pratique em pequenas situações**: Comece com situações menos emocionais ou desafiadoras, como dizer "não" a um convite social quando você realmente quer descansar.
- **Reflita após interações**: Após ter uma conversa onde tentou ser assertivo, reserve um tempo para refletir sobre como se sentiu. Você conseguiu expressar suas necessidades claramente?

O que poderia melhorar?

- **Visualize o sucesso**: Antes de uma conversa desafiadora, visualize-se sendo assertivo e expressando seus limites de forma calma e clara. A visualização pode te preparar emocionalmente para enfrentar a situação.

Amor-Próprio nas Relações: Exercícios para Fortalecer a Autoestima sem Dependência de Validação Externa

Manter o amor-próprio nas relações é um verdadeiro desafio, especialmente quando há a tendência de buscar validação externa. *O amor-próprio é a prática de se colocar como prioridade emocional*, garantindo que suas necessidades sejam atendidas antes de buscar a aprovação dos outros.

Dependência de validação externa pode ser prejudicial, pois coloca o poder sobre como você se sente nas mãos de outras pessoas. O resultado? Um ciclo constante de altos e baixos emocionais, dependendo de como os outros reagem ou respondem a você. *A verdadeira autoestima é construída internamente e não depende das opiniões ou comportamentos dos outros.*

Para fortalecer seu amor-próprio nas relações, é fundamental que você cultive uma rotina de autocuidado e reflexões que te ajudem a se lembrar do seu próprio valor, independentemente de qualquer aprovação externa.

A prática: Exercícios para cultivar amor-próprio nas relações

Aqui estão algumas práticas diárias que podem te ajudar a fortalecer seu amor-próprio sem depender dos outros:

1. **Afirmações diárias:** Comece o dia com afirmações positivas que reforcem seu valor. Por exemplo, diga para si mesmo: *"Eu sou digno de amor e respeito, exatamente como sou."* As afirmações ajudam a reprogramar sua mente para focar no seu valor interno.

2. **Diário de gratidão por si mesmo:** Em vez de focar no que os outros fazem por você, anote diariamente três coisas que você fez por si mesmo e pelas quais se orgulha. *Isso reforça a ideia de que você é responsável por sua própria felicidade.*
3. **Tenha momentos de autocuidado inegociáveis:** Seja um banho relaxante, uma caminhada no parque ou ler um livro que te inspire, crie momentos inegociáveis de autocuidado. *Isso envia uma mensagem clara para você mesmo de que sua saúde emocional é uma prioridade.*
4. **Reflita sobre suas relações:** Pergunte-se com frequência: *"Essa relação me fortalece ou me enfraquece?"* Nem todas as relações são saudáveis, e reconhecer isso é parte do processo de autocuidado e amor-próprio. Às vezes, amar a si mesmo significa se afastar de relações que não estão alinhadas com seu bem-estar.

Relacionamentos Saudáveis Começam com Autoestima Saudável

Manter a autoestima em alta nas relações pessoais não é apenas possível, mas essencial para viver uma vida plena e equilibrada. *Quando você se valoriza, não só melhora a qualidade das suas interações, mas também inspira os outros a te tratar com o mesmo respeito.*

A autoestima é o alicerce para todas as suas relações. Ao cultivar amor-próprio, estabelecer limites saudáveis e praticar a autorresponsabilidade, você cria um ambiente onde a autoestima não apenas sobrevive, mas floresce. Isso te permite viver relações mais satisfatórias, equilibradas e harmoniosas, onde você pode ser genuinamente você mesmo, sem medo de julgamento ou rejeição.

No final das contas, *o relacionamento mais importante que você terá ao longo da vida é o relacionamento consigo mesmo.* Todos os outros relacionamentos são reflexos desse vínculo fundamental.

Conclusão: O Poder de Ser o Autor da Sua História

Ao longo da sua jornada através deste livro, você foi guiado a olhar para dentro e a reconhecer a força que sempre esteve presente em você. Autoestima, fé e determinação não são conceitos abstratos, mas habilidades que você pode cultivar diariamente. A cada capítulo, exploramos a importância de reescrever a sua narrativa interna, superar crenças limitantes e criar hábitos que sustentem o amor-próprio. Agora, chegamos ao momento mais importante: o momento de decidir ser o autor da sua própria história.

Ao longo da vida, muitas histórias foram escritas para você. Algumas delas podem ter sido baseadas em inseguranças, falhas ou limitações que outros impuseram. Mas aqui está a verdade: você não precisa ser prisioneiro dessas narrativas. A partir deste momento, você tem o poder de pegar a caneta e escrever uma nova história — uma história que reflete o seu verdadeiro valor, suas capacidades e, principalmente, seus sonhos.

Imagine-se como o protagonista da sua vida, enfrentando desafios com coragem e superando obstáculos com determinação. A autoestima que você construiu ao longo deste processo é a base que sustenta cada uma das suas conquistas. Quando você se vê como uma pessoa merecedora de amor, respeito e sucesso, o mundo à sua volta começa a refletir essa verdade.

Você já deu os primeiros passos. Agora, é hora de manter o compromisso consigo mesmo. A vida é uma série de capítulos, e cada um deles é uma oportunidade para você se reinventar, crescer e se aproximar mais do seu eu autêntico. Não importa quais erros você tenha cometido ou quantas vezes tenha caído. O que realmente importa é que você está disposto a se levantar, a aprender e a seguir em frente com uma nova perspectiva.

E quando os desafios vierem — porque eles virão — lembre-se de que você já tem todas as ferramentas de que precisa. Pratique o autocuidado, proteja sua saúde mental e emocional, e nunca se esqueça de que a sua autoestima é a base de tudo. Ao cultivar o amor-próprio diariamente, você estará construindo uma fortaleza interna que o protegerá de qualquer tempestade.

Ser o autor da sua própria história também significa assumir a responsabilidade pelas suas escolhas. Não espere que os outros definam seu valor ou que as circunstâncias determinem seu destino. Cada decisão que você toma é uma linha que você escreve no livro da sua vida. E, com o tempo, essas escolhas moldam a história que você conta a si mesmo e ao mundo.

Então, o que será daqui para frente? O que você escolherá escrever nas próximas páginas da sua vida? Eu te convido a escrever uma história de superação, de amor-próprio e de fé inabalável no seu potencial. Porque, no final das contas, ninguém mais pode viver sua vida por você. Só você tem o poder de criar a vida que sempre sonhou.

Lembre-se: você é o autor da sua própria história. Pegue a caneta, confie em si mesmo e comece a escrever o próximo capítulo — um capítulo de sucesso, confiança e felicidade profunda.

Apêndice

Este apêndice oferece práticas adicionais e reflexões para apoiar sua jornada de fortalecimento da autoestima e do bem-estar. Os exercícios e estratégias aqui apresentados visam proporcionar ferramentas práticas que você pode incorporar no seu dia a dia para solidificar o aprendizado e aprofundar o impacto positivo que este livro pode ter na sua vida.

1. Autoavaliação da Autoestima

Antes de iniciar qualquer mudança, é importante entender onde você está atualmente. Use esta autoavaliação para refletir sobre sua autoestima.

Perguntas de Reflexão:

- Como você se descreve? Você tende a usar palavras positivas ou negativas?
- O quanto você se sente confiante em suas habilidades pessoais e profissionais?
- Quais são suas reações diante de críticas e elogios? Você aceita elogios facilmente ou se sente desconfortável?
- Você sente que merece ser feliz e ter sucesso?

Anote suas respostas e reflita sobre elas. Isso servirá como ponto de partida para o seu desenvolvimento pessoal.

2. Exercícios de Reforço da Autoestima

A. Técnica da Apreciação Diária

Todos os dias, escreva três coisas que você aprecia em si mesmo. Podem ser conquistas, características pessoais ou ações específicas do seu dia.

- Exemplo: "Hoje, consegui finalizar um projeto importante no trabalho."
- Exemplo: "Eu sou uma pessoa criativa e resiliente."

Esse exercício ajuda a mudar o foco das críticas para a valorização, construindo gradualmente uma percepção mais positiva de si mesmo.

B. Prática de Visualização Positiva

A visualização é uma ferramenta poderosa para criar uma imagem positiva de si mesmo e dos seus objetivos.

1. Feche os olhos e respire fundo algumas vezes.
2. Visualize uma versão futura de você, mais confiante e realizada.
3. Imagine-se alcançando uma meta importante ou lidando com um desafio com sucesso.
4. Tente sentir as emoções positivas associadas a essa conquista.

Repita essa prática sempre que sentir sua confiança vacilar.

3. Estratégias de Autocuidado

O autocuidado é uma das bases da autoestima. Cuidar de si é uma maneira de demonstrar amor-próprio.

A. Planejamento do Autocuidado

Crie uma rotina de autocuidado semanal que inclua:

- Exercícios físicos regulares (caminhadas, ioga, etc.)
- Tempo para relaxamento (leitura, meditação, banho relaxante)
- Alimentação equilibrada
- Hobbies que te tragam alegria

Exemplo de Rotina Semanal:

- Segunda-feira: 20 minutos de meditação pela manhã.
- Quarta-feira: Caminhada ao ar livre após o trabalho.
- Sábado: Preparar uma refeição saudável e relaxar com um bom livro.

4. Desenvolvimento da Autocompaixão

A autocompaixão é a capacidade de ser gentil consigo mesmo, especialmente em momentos de fracasso ou dificuldade.

A. Técnica da Autoaceitação

Quando se deparar com um erro ou falha, experimente esta técnica:

1. Reconheça a dificuldade: "Eu estou passando por um momento difícil."
2. Ofereça-se palavras de encorajamento: "Está tudo bem cometer erros, isso faz parte do aprendizado."
3. Trate-se como trataria um amigo próximo, com bondade e compreensão.

Esse simples ato pode ajudar a reduzir a autocrítica e melhorar sua relação consigo mesmo.

5. Fortalecendo a Resiliência Emocional

A. Reenquadramento de Pensamentos Negativos

O reenquadramento é uma técnica para transformar pensamentos negativos em oportunidades de crescimento.

1. Identifique um pensamento negativo recorrente, como: "Eu nunca sou bom o suficiente."
2. Pergunte-se: "Isso é verdade? O que posso aprender com essa situação?"
3. Reescreva o pensamento de forma positiva e construtiva: "Estou em constante evolução e me tornando uma pessoa melhor a cada dia."

Repetir esse processo ajuda a mudar a forma como você vê os desafios e melhora sua capacidade de enfrentá-los com mais confiança.

Don't miss out!

Visit the website below and you can sign up to receive emails whenever Solange M. Melo publishes a new book. There's no charge and no obligation.

https://books2read.com/r/B-A-KTONC-LBCCF

BOOKS 2 READ

Connecting independent readers to independent writers.

Milton Keynes UK
Ingram Content Group UK Ltd.
UKHW020055181024
449757UK00011B/639

9 798227 620446